Glimmers to Torrents

Creating an Efficient Human Resources System

从微光到洪流

打造高效人力资源体系

黄 颖 编著

人民邮电出版社

北 京

图书在版编目（CIP）数据

从微光到洪流 ：打造高效人力资源体系 / 黄颖编著.
北京 ：人民邮电出版社，2025. -- ISBN 978-7-115
-65882-1

Ⅰ. F243

中国国家版本馆 CIP 数据核字第 20253N4V02 号

内 容 提 要

本书深入探讨了企业如何通过构建有效的价值创造、人才管理、培养体系、干部培养、员工关系、绩效管理和企业文化等关键要素，来推动企业的持续发展和竞争优势。全书共分为七章。第一章强调了价值创造的重要性，并讨论了如何通过价值评价和价值分配来激发员工的创造力。第二章聚焦于人才队伍的建设，包括人才规划、招聘策略和人才选拔流程。第三章探讨了人才培养的基础，包括职业发展路径、培训体系和校企合作模式。第四章着重于干部队伍的培养，介绍了领导力发展项目和评估机制。第五章讨论了如何通过数字化、高效化和品牌化的手段来打造和谐的员工关系。第六章围绕绩效管理，探讨了考核系统、薪酬激励和动态调整机制。第七章强调了企业文化的重要性，并介绍了如何通过文化塑造、价值评估和雇主品牌建设来吸引和保留人才。

本书适合人力资源部门工作人员，企事业单位中高级管理人员，相关科研、教育机构的理论工作者，以及人才交流、管理咨询机构工作人员阅读。

◆ 编　　著　黄　颖
责任编辑　苏　萌
责任印制　马振武

◆ 人民邮电出版社出版发行　　北京市丰台区成寿寺路 11 号
邮编　100164　　电子邮件　315@ptpress.com.cn
网址　https://www.ptpress.com.cn
北京天宇星印刷厂印刷

◆ 开本：787×1092　1/16
印张：13.25　　2025 年 3 月第 1 版
字数：147 千字　　2025 年 12 月北京第 3 次印刷

定价：69.80 元

读者服务热线：(010) 53913866　印装质量热线：(010) 81055316
反盗版热线：(010) 81055315

序一

世纪初，当我和35个小伙伴挤在一间办公室里开启创业梦想时，并未精确地预想20多年后的软通动力会是怎样的面貌。但如今，我们欣喜地看到，软通动力——我们倾注心血和努力的梦想——已成为一家拥有88088名员工的行业领军企业、数智产业的重要力量。

企业的建立，事业的开拓、发展和成长，始终与未知、与变化、与不确定性相伴相随。回望这段从36到88088的历程，我们确实经历了很多艰难、困惑和考验。社会经济的勃兴、信息技术的涌动、战略方向的抉择、主动变革的探索……种种因素叠加，共同塑造了如今的软通动力，但我也只会用“取得阶段性胜利”去定义它。

任重道远，道阻且长。在这场数字化征程中，比技术更重要的，是推动技术前行、赋予技术生命，是那些充满激情与智慧的“人”。同路更要同行，同行且须同心，在翻过一山又一山的创业、再创业之中，造就软通动力规模化发展的内因、支撑起奔向战略目标的核心驱动力，是我们“持续创新、价值创造”的人才队伍。而呈于眼前的这本《从微光到洪流：打造高效人力资源体系》，则再现了这支队伍塑造过程的重要切片，也勾勒出软通动力人力资源体系背后的逻辑和关键。

软通动力始终坚定不移地秉持“以价值创造为导向”，为员工搭建起了广阔且极具发展潜力的职业舞台，致力于让每一位怀揣梦想、积极进取的员工都能在这里找到施展才华的空间，实现个人价值与企业价值的同频共振。员工的归属感、团队凝聚力不断增强，整个企业呈现出蓬勃向上、团结奋进的良好态势，这些都是基于我们对人力资源管理有着深刻且独到的理解，以及在这一领域持之以恒地创新探索和大胆实践，这本书也应运而生。

对于人力资源从业者来说，这是一本值得备存的工具书，其中的每个案例，都是软通动力实实在在的成长足迹，体现了我们对时代变革的敏锐洞察和积极拥抱的态度，也蕴含着我们在人力资源管理领域深度思考的成果和诸多创新实践的精髓。当然，您也可以把它看作软通人发展维艰的大事记、软通人奋楫勇进的故事集。这不仅是我们对自己创业之路的回顾和记录，同时也希望给同走这条创业路的人们，插上一些路牌、提供一些软通的经验和方案。

廿余载，从微光到洪流；而未来，又将奔向何处。

数字经济的大潮汹涌向前、AI等前沿技术带来的挑战强势迅猛、中华民族伟大复兴的重任在肩。时代赋予了软通动力巨大的机遇，也赋予了每一名软通人重要的使命——“创新数字技术，持续创造价值”。

刘天文

软通动力创始人、集团董事长兼首席执行官

序二

在这个日新月异的数字化时代，每一家企业都在寻找着属于自己的发展之道，努力在瞬息万变的市场中站稳脚跟，实现可持续发展。我深刻体会到，企业的成功不仅仅依赖于技术的先进性和市场的敏锐度，更离不开对人才的重视和人力资源的有效管理。

软通动力，作为中国数字技术产品和服务创新领导企业，从初创时的默默无闻到如今的行业领军者，不仅见证了中国信息化、数字化进程的波澜壮阔，更在其中扮演了至关重要的角色。这本书详细记录了软通动力在人力资源管理方面的探索与实践，为我们提供了一份宝贵的经验总结和思考启示。

在我看来，管理的本质就是“心”。无论管理多大规模的团队，关键在于凝聚人心，激发每个人的善意与潜能。管理的最高境界是自我管理，当一个人能管理好自己的心，以清澈的良知应对万事万物时，其管理行为必然积极、正向且充满善意。在阅读这本书的过程中，我感受到了软通动力对人力资源管理的深刻理解和高度重视。软通动力深知，人才是企业最宝贵的资源，是企业持续发展的核心驱动力。因此，软通动力在人力资源管理方面不断创新，建立了以“价值创造”为导向的培养与供给体系，旨在最大限度地激发员工的潜能，保障人员稳定，优化人员结构，提高人才柔性，实现人力资源价值最大化。

金蝶一直秉持“致良知、走正道、行王道”的核心价值观，软通动力在人力资源管理方面也有着相似的坚守。书中提到的“终极使命：为价值而生”让人印象深刻。软通动力以良知为指引，始终坚守初心，将创造价值作为企业的使命和存在的意义。无论是为员工、为客户，还是为社会创造价值，软通动力都全力以赴，力求做到极致，这正是“走正道、行王道”的生动写照。这种以价值为导向的发展理念，不仅让软通动力在激烈的市场竞争中立于不败之地，更为其赢得了广泛的认可和尊重。

此外，书中关于人才队伍建设、人才培养体系、干部管理、员工关系管理等方面的阐述也颇具启发。软通动力在人才招聘、选拔、培养、激励等方面形成了一套科学有效的机制，确保了企业能够吸引并留住优秀的人才。同时，软通动力还注重企业文化的建设，通过“十大纲领”和“十大准则”等价值理念的引导，帮助每一位员工认同并践行企业的文化理念，形成了强大的凝聚力和向心力。

金蝶与软通动力的合作源远流长，双方在战略协同、业务互补等方面取得了显著的成效。在我看来，软通动力在人力资源管理方面的成功实践，也是中国管理模式的积极探索。

软通动力董事长兼首席执行官刘天文曾说："金蝶和软通动力是数字大生态中的两个小生态，以数字化手段共同服务中国经济大实体，推动数字产业化和产业数字化的发展，并为大生态的延展提供了一种可能性。"

软通动力的智能化、自主化、绿色化、国际化转型战略，以及面向国际市场和头部企业的全球布局，与金蝶的发展战略不谋而合。软通动力与金蝶之间的战略合作也映射着"协同进化"的发展规律，相互激发、彼此促进。

当前，数字化浪潮正以前所未有的速度席卷全球，各行各业都在积极探索数字化转型的路径和方法。在这个过程中，人才的作用愈发凸显。如何吸引、培养和留住优秀的人才，成为企业面临的重要课题。在中国管理模式的三角模型中，中国管理哲学是精髓，中国管理哲学是建立心与心连接的哲学，是知行合一的哲学，是解决重大管理问题的哲学，以阳明心学为核心，融合儒释道及西方管理智慧，激发人心中的良知，从心出发，走正道，行王道，将心-道-德-事结合，将使命、哲学、战略、技术融合，放下小我，成就大我，最终无我利他、化育天下，为社会发展贡献企业力量。软通动力在人力资源管理方面的探索和实践，正是对这一管理理念的生动演绎。

《从微光到洪流：打造高效人力资源体系》一书的出版，为探索数字时代的人力资源管理新模式提供了有益的参考。同时，我也期待软通动力在未来的发展中能够继续保持创新精神和实践探索，向世人讲述中国管理故事，诠释中国管理智慧。

徐少春

金蝶集团董事会主席兼CEO

序三

白驹过隙，转眼软通动力即将20岁了。

20年前仿佛昨天一般，那时软通动力刚刚起步，那天微风和煦、阳光正好，刘天文董事长和我约在北京丽都花园附近的一家餐厅，谈天说地，好不欢畅。也是在那一天，他的一句话，让我至今记忆犹新。他说："和我一起，让软通动力立于'百亿企业'之林吧！"

"百亿企业"，这铿锵有力的4个字带给我的冲击实在太大了。当时我们谁也不知道这个目标何时能实现，但我能感受到，董事长说出它时内心的坚定。也因为此，我义无反顾地加入软通动力，一起进军IT服务市场，为这个梦想迈出了坚实的第一步。

2008年，国内市场不断壮大，软通动力犹如"初生牛犊"开始涉足海外市场，开拓国际业务，先后为全球众多500强企业提供服务，受到好评。虽然其中困难重重，但每一位软通人都没有退缩，而是披荆斩棘，用不断踏平坎坷的战斗力换来了傲人的成绩。

2013年，软通动力像一位意气风发的拼搏少年，紧抓时代发展机遇，聚焦中国信息化，逐渐在互联网、高科技、大金融等关键行业占据IT服务领导地位，让我们距离梦想又近了一步。

2018年，数字化时代持续深入，软通动力紧抓新技术机遇，深度参与数字中国建设，助力企业数字化转型。在这个过程中，软通动力自身也在创新中不断转型，成为中国数字技术产品和服务创新领导企业。10余年的技术积累与行业经验沉淀，自身的服务能力横向拉通与整合，使软通动力具备了全栈数字化服务的专业能力。

如今，软通动力正在迈向它朝气蓬勃的青年时期。随着战略不断升级，数字生态持续扩大，软通动力深化布局战略新兴行业，数字化创新业务成为集团新的增长引擎。

回首往昔，软通动力能够取得今天的成就，离不开每一阶段战略的引领和制度体系的持续完善，也离不开每一位软通人的奉献。组织发展，有赖于人才先行。尤其在数字化时代，人才更是推动数字经济、数字产业发展的核心要素，为产业良性发展、持续壮大，提供着至关重要的智力支持。

软通动力注重人才，在多年的发展中，始终将“人”作为公司的战略资源，始终将人力资源管理视为公司持续壮大的基础保障。经过长期的管理实践，我们也深刻认识到，软通动力的人力资源管理必须来源于业务、服务于业务，为此，软通动力坚持以客户需求为中心，以价值贡献为目的，根据公司总体业务发展战略需求，提出相应的人力资源战略，积极构建以“价值创造”为导向的人力资源培养与供给体系，最大限度地激发员工潜能，保障人员稳定、优化人员结构、提高人才柔性，实现人力资源价值最大化，使高效运转的人力资源体系成为公司持续发展的核心驱动力。

如今，软通动力管理着近9万名员工，在全球50多座城市设立了百余个分支机构。如此庞大的运营体系下，公司人力资源管理系统呈现出了旺盛的生命力。不论是在人力资源组织架构的建立、人才的培养与管理、薪酬福利制度的制定与实施，还是在营造积极向上的工作氛围、建立良好的企业文化等方面，都取得了出色的成绩。

人才，是企业宝贵的资源。刘天文董事长多次强调：“软通动力要打造软硬一体的全栈数字技术服务能力，而创造并利用它们造福客户的是软通人。”想让公司每一位员工可以人尽其才、才尽其用，离不开科学有效的人力资源规划，也离不开企业文化的内驱作用。文化是无形的战斗力，可以凝聚起强大的力量。

如今，世界已迈入创新、协调、绿色、开放、共享的时代大潮中，软通动力迎来了新的征程，人力资源管理也迎来了新的挑战。作为软通动力首席人力资源官，我感到任重道远。

未来充满了不确定性，但幸好，我们都拥有发现未知的能力、创造未来的魄力，渴望创造的我们才是这个世界最大的不确定。只要我们愿意、渴望、敢于投身于不断地创造之中，就会让这个世界发生很多的可能和精彩。我们的创造也会给自己、给软通、给客户、给社会带来更多的美好。

回首昨日，豪情倍增；把握当下，活力无限；开创明天，任重道远。希望携手每一位软通人，齐心同所愿、上下而求索，与软通动力一同踏上征途、奔向下一个目标。

黄颖

软通动力集团董事兼首席人力资源官

前言

在数字化浪潮的推动下，软通动力从一个小小的36人团队发展成为拥有88088名员工的大型企业，这一跨越式的发展，不仅是数字的增长，更是梦想与实践的结晶。《从微光到洪流：打造高效人力资源体系》这本书，正是在这样的背景下诞生的，讲述了如何将人力资源管理从细节层面（微光）扩展到整个组织的宏观层面（洪流），并构建一个高效、协同、适应性强的人力资源体系，它不仅是软通动力人力资源管理实践的总结，也是我们对未来人力资源发展的深刻思考。

本书分为七章，每一章聚焦于人力资源管理的不同方面，从价值创造到人才培养，从干部管理到员工关系，再到绩效管理和企业文化，全面覆盖了软通动力在人力资源管理方面的实践和思考。

第一章“终极使命：为价值而生”探讨了软通动力的价值创造理念，以及如何通过价值评价和分配来激发员工的创造力。

第二章“战斗堡垒：强有力的人才队伍”，着重于人才规划、策略、选拔和配置，展现了软通动力如何构建一支强大的人才队伍。

第三章“发展引擎：筑牢人才培养之基”，讲述了软通动力如何通过人才培养体系和机制，为员工提供成长和发展的平台。

第四章“干部队伍：企业第一战略性资源”，强调了干部在企业发展中的重要作用，以及如何培养和激励干部队伍。

第五章“以心为本：打造和谐共生的员工关系”，探讨了数字化、高效化、品牌化、常态化和公益化在员工关系管理中的应用。

第六章“引爆组织：凭绩效说话”，分析了绩效管理系统的重要性，以及如何通过绩效管理来提升组织效率。

第七章“文化势能：让企业生生不息”，讨论了企业文化在企业发展中的核心作用，以及如何通过文化来凝聚人心和推动企业发展。

本书不仅强调了人力资源管理的广度和深度，也体现了管理实践的动态性和发展性。在微观层面，它涉及对个体员工的管理，包括招聘、培训、绩效评估和激励等；而在宏观层面，它则涉及整个组织的人力资源战略规划、人才结构优化、组织文化建设和领导力发展等。通过这本书，我们希望能够为读者提供一个清晰的框架，帮助他们在不断变化的商业环境中，构建和优化自己的人力资源管理体系。

在此要特别感谢软通动力董事长兼首席执行官刘天文先生，他是软通动力的创始人，更是带领我们乘风破浪、穿越周期的领航人，在人力资源日常工作和本书创作编写过程中，给予了很多战略性指导和建设性意见。公司核心管理团队也给予了极大的支持，他们凭借专业知识与深厚阅历，对本书提出了很多宝贵的建议和深刻的点评，这不仅完善了本书的内容，也推动了公司人力资源工作不断精进。

同时，要感谢软通动力的客户、合作伙伴和专家朋友，他们的优秀理念和实践经验给予了很多支持、借鉴和帮助，有力地推动了公司人力资源体系的持续发展与完善。特别鸣谢金蝶集团董事会主席兼CEO徐少春拨冗作序，其字里行间皆见用心，使这本书更具光彩，徐先生的这份厚意，我将永远珍藏于心。

在内容创作方面，感谢软通动力各级组织人力资源工作的伙伴们和同人们，李艳荣、高立群、程翠翠、郭锐、何丽君、张鹭茜、李黎黎、马宏伟、郭超男、黄倩、王熠鸣、陈国栋、崔晓晨、杨晶、李旋、刘晓夏、李宏鹤、杨英瑜、洪娟、张娇、郭瑞红、兰毅、刁雯丹、吕超、马艳红、乌耀华等，感谢大家提供了很多生动的案例故事，以及一直以来为公司人力资源发展作出的杰出贡献。

在业务交付层面， 集团高级副总裁周燕及各事业群HRP夏杰、白洪楠、靳文书、李婷、程萍、曾学芹等和他们的小伙伴们，一直以来为公司人力资源的发展默默奉献，他们在实践中积累的经验和智慧，也为本书增添了许多亮点。

感谢曾经在软通工作过的伙伴们，在此就不一一列举了。他们也曾在不同时期为公司人力资源管理工作付出努力。

此外，人民邮电出版社的刘劲老师和苏萌老师是我多年的好友，非常感谢他们对软通动力人力资源管理的认可，是他们提议将我们的经验出版成书，并且在本书的文字和内容上给予了详细、专业的指导，让本书能够以更好的面貌呈现给读者。

我们深知，人力资源管理是一个不断发展和变化的领域，新的理论、实践和技术层出不穷。书中所提供的观点和知识，可能还有待进一步探索和完善。因此，我们真诚地希望读者和专家们能够不吝赐教，分享您的见解和经验，帮助我们不断进步。

黄颖

软通动力集团董事兼首席人力资源官

目录

第一章 终极使命：为价值而生

中国软件行业真的要走向没落了吗?

2024年，一系列具有代表性的头部软件公司业绩都出现过亏损。一时间舆论哗然，关于软件公司“倒闭潮”“裁员风”的质疑声此起彼伏，更有所谓的“业内人士”发文称：“中国软件行业几乎全军覆没！”网络上弥漫着中国软件行业即将走向夕阳的悲观论调。

从来没有一段历史是按照人们预想的路线一成不变地进行的，更多的情况是：一条又一条的岔路总在最意外的时刻出现。它们总是令人们的智慧运用能力和压力承受能力面临极大的挑战。

同样，任何企业在发展历程中也不可能一帆风顺，既会有高光时刻，也会遇到艰难险阻。我们承认，软通动力的确和很多软件企业一样，正面临市场竞争加剧、技术更新不断、产业转型升级等多重考验，但这并不是软通动力第一次遭遇风浪，在持续发展的道路上，软通动力也从来不是一直平坦而没有曲折的。

越是在风浪之中，就越要乘风破浪，坚守初心。正如软通动力董事长刘天文所说："做企业一定要有使命感……碰到困难以后，这种使命感和始终坚持的初心帮助我们克服了很多困难。对我们而言，公司的使命就是成为数字经济的'使能者'，成为企业数字化转型可信赖的合作伙伴，从而引领行业，最终成为行业的领导企业。"

不论是面对现在的困难，还是面对未来的挑战和不确定性，软通动力始终没有放弃自己的使命与初心，即创造价值——为员工创造价值，为股东创造价值，为客户创造价值，为社会创造价值。这也是软通动力得以持续发展的"牢固的基石"。尤其是站在未来数字化、智能化转型的重要关口，软通动力正紧跟AI发展浪潮，积极推动"软硬一体化"战略，致力于为员工赋能，为客户提供全面、易用、高效的解决方案，并通过探索大模型在垂直行业领域的应用，加速助力行业数智化转型，为行业数智化创造更多的价值。

1.1 制高点：一切为了价值创造

现代管理学之父彼得·德鲁克曾说：“要知道企业是什么，我们需要先了解它存在的目的。”企业存在的目的就是创造价值。谁能创造更大的价值，谁就能获得更丰厚的财务回报，并获得市场领先的地位。一个成功的企业，不仅仅是为了自身的存在而存在，而是要通过提供有价值的产品或服务来满足客户的需求和期望，从而获得经济效益和社会效益。

创造价值是企业生存发展的天然使命、核心要素和动力源泉。为企业定义价值，就是完成企业事业理论构建的过程，即明确企业的使命、愿景、价值观、战略、商业模式等，并清晰地回答企业在整个产业链中处于什么样的位置。从这个角度来说，企业价值就是企业所创造的经济价值和社会价值，也就是企业能够为员工、股东、客户、社会等所带来的财务和非财务回报。通俗地说，企业价值就是企业所能贡献的全部利益。

那么，软通动力所要创造的价值是什么呢？

从个人角度来说，价值是员工的技术、能力、意识、态度等与软通动力需要之间的一种效用、效益、效应关系。其中，效用、效益和效应可以简单地理解为员工可以为企业带来什么，以及员工对企业需要的满足程度如何、匹配程度如何等。

从企业角度来说，价值是软通动力现实的获利能力与未来潜在获利机会的货币化，以及软通动力能够为社会所带来的利益与创造的价值。简单来说，就是软通动力当下的业务能力所带来的营收与未来战略布局带来的营收能力与机会，以及软通动力所承担的社会责任。企业应该全面审视自身的价值，并积极寻求创造上述因素的方法和途径，这样才能在市场竞争中提升自身的认可度和竞争力。

软通动力所确定的企业文化行为指导准则为“十大纲领”和“十大准则”，其中，“上下同欲，服务大局”与“管理精细，成本意识”都是从软通动力的企业文化核心价值观“价值创造”中延伸出来的。这也表明，作为一个具有全球影响力的数字技术服务领导企业，软通动力无论是对产品品质提升的需求，还是创新精神在服务过程中的普遍运用，或者是员工通过学习提升能力、组织通过开放来营造协作氛围，归根结底，都是在面向数字化环境竞争时所进行的不同领域、不同层次的价值创造。对价值创造的追求，也是软通人价值观的根源。

软通动力一直期望与真正认同企业使命、方向、战略，并愿意为之奋斗、冲锋、拼搏的人携手并进，因此在内积极为员工赋能，帮助员工提升自己，在外则始终强调以客户为中心，为客户创造更多的价值。

2020年，国家提出“双碳”目标后，我国各行各业都积极参与到这场重要的转型变革之中，很多企业开始考虑从传统制造向智能制造转型，实现生产过程中的节能减排、安全监管的智能化升级。

为了帮助客户完成这一目标，软通动力依托自己的数字平台，助力客户打造零碳工厂。该平台可以通过“数据汇聚+业务整合+低代码开发”的方式，支持业务灵活构建，推动工厂将能源消耗转化为清洁电力，并通过数字化技术赋能产值制造流程，降低生产运作全流程的碳排放，助力零碳工厂的建设。

在软通动力的帮助下，国内多家工厂都有效降低了生产运作全流程的碳排放，实现了零碳工厂的建设。同时，软通动力还携手自己的联盟成员，持续创新低碳技术，开发绿色应用，共创生态平台，赋能客户绿色发展。

在为客户创造价值的同时，软通动力还为社会创造了巨大价值。2022年，公司进一步加强碳排放管理，制定温室气体管理方针和节能减排方案，成立“节能减排工作组”，要求相关责任人员完善制度建设与组织分工。同时还派出专业技术人员开展碳盘查工作，对室内气体排放源和种类进行识别、量化核算，以便可以更加全面地掌握公司的碳排放情况；公司专业技术人员还带领全国各子公司在日常办公中落实节能降耗行为，加强能源管理、资源管理和废弃物管理，提升资源利用效率，多维度地开展环境保护行动，推动人与自然的和谐发展。

从以上案例可以看出，软通动力始终以价值创造为导向，将价值创造当成企业发展的制高点。在这个过程中，软通动力致力于利用数字技术来提高客户价值，积极鼓励高增加值的价值创造，鼓励战略投入性的价值创造，减少和消灭大批量的重复工作与返工，让每一分钱、每一分钟、每一个项目、每一项工作、每一个人，都能创造出最大的价值，就像董事长刘天文所期望的那样："软通动力致力于成为对社会负责、受人尊敬的优质企业，倡导回馈社会、爱护赖以生存的环境，发挥领先技术，为众多领域的客户创造价值；同时积极投身社会公益，将自身的深厚积累转化为对人才的培养、就业的带动，并推动社会发展。"

企业的发展离不开企业文化的指导作用，文化就是无形的战斗力，可以凝聚起强大的力量，软通动力深谙这一道理。为此，软通动力还积极鼓励员工在文化及精神层面进行价值创造。董事长刘天文更是经常鼓励每一位软通动力的员工："软通人要有理想、有情怀、有激情，要培养健康的兴趣爱好，要让自己的生活更加精彩，要让自己成为更加有趣的人。"这也使得软通动力在发展过程中始终坚持以人为本，充分尊重员工的创造性，最大限度地激发员工的活力和发展潜能，共同为自己、为企业、为客户、为股东、为整个社会创造出最大的价值。

1.2 立足点：价值评价有据可依

企业的价值评价，是对员工为企业和客户创造价值的贡献所进行的评价。价值评价的意义，就是为企业建立公正的制度或标准，从而为价值分配的公平性提供依据。如果一个企业没有科学合理的价值评价依据，在进行价值分配时，很可能导致企业走向两个极端：一个极端是采用平均主义做法，大家一起吃“大锅饭”；另一个极端是权力分配，掌权者习惯于依据个人意志和喜好进行价值分配。这两种价值分配方式显然都不合理，也不利于企业价值创造与长久发展。

因此，在企业内部，价值评价就像一条纽带，可以将价值创造与价值分配紧密地结合起来。

众所周知，华为公司的业务遍及全球180多个国家和地区，而华为的员工在被派出去后仍然愿意冲锋，为什么？一个关键原因就是华为打通了价值创造管理链，并实现了价值创造、价值评价与价值分配的正向循环。

价值创造能够调动一切可以调动的因素，以客户为中心，为客户创造价值，挖掘这些价值创造因素，并激活要素，就像任正非所说的那样："华为没有可以依存的自然资源，唯有在人的头脑中挖掘出大油田、大森林、大煤矿。"华为把这些资源调动起来，创造丰厚的价值，随后依据企业相关的原则和标准，对员工所创造的价值进行论功行赏，让员工获得应得的回报。员工能够拿到与自己的付出相对应的回报，自然也更愿意继续创造价值，这对于提高员工的积极性和创造价值的动力有着重要作用。

华为公司有一套自己的价值评价依据。《华为的红旗到底能打多久》中写道："我们必须以客户的价值主张为导向，以客户满意度为标准，公司的一切行为都是以客户的满意程度作为评价依据。客户的价值主张是通过统计、归纳、分析得出的，并通过与客户交流，最后得出确认结果，成为公司努力的方向。沿着这个方向我们就不会有大的错误，不会栽大的跟头。"

而《坚定地实行以责任结果为导向的价值评价体系》中又写道："我们要以提高客户满意度为目标，建立以责任结果为导向的价值评价体系。企业是功利性组织，我们必须拿出让客户满意的商品。因此，整个华为公司的价值评价体系，包括对高中级干部的评价都要倒回来重新描述，一定要以责任结果为导向。"

软通动力在持续发展的过程中，也拥有一套自己的价值评价体系，其评价导向既可以责任结果为导向，也可以员工贡献与商业价值为导向来评价组织和个体。其中，以责任结果为导向，就是对每个人创造的价值多少进行衡量，这可以有效地避免管理者的短视和偏见，也更适合将员工的潜在素质转化为实际的价值创造结果；以员工贡献为导向，则可以以效益产出及实现持续贡献的能力来为员工制定薪酬激励；以商业价值导向，是以客户满意作为唯一的衡量标准，也就是以为客户提供有效服务作为工作的导向和价值评价的标尺。

软通动力拥有大量优秀的软件技术工程师。除了单纯的技术导向维度，软通动力还强调，技术人员不管是做技术研发还是做产品研发，都应该是为业务做贡献。在员工引导上，软通动力倡导员工专注于开发市场上真正需要的产品和服务，避免将资源投入无效的技术研发上，而且鼓励技术人员不仅要精通技术，还要用商业思维去创造价值，在研发过程中构建产品的质量优势、成本优势等。软通动力鼓励员工学会审时度势，能够准确地把握市场节奏，创造出真正符合客户需求和市场需求的价值。

软通动力的价值评价主要遵循两大原则（见图1–1）。

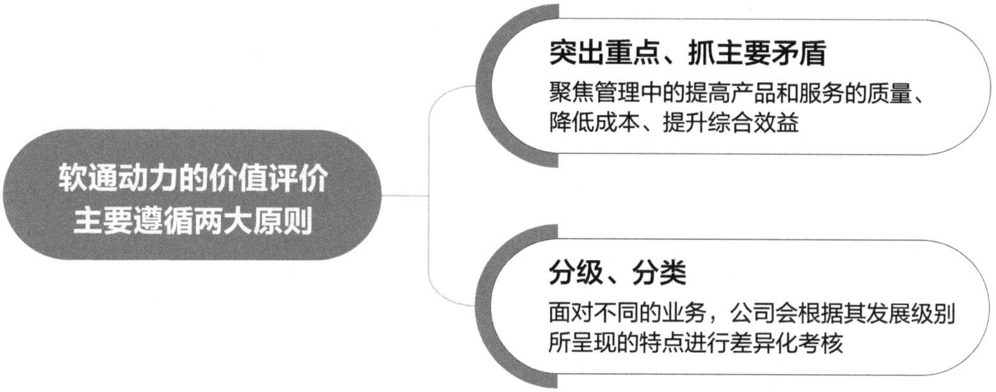

图1-1 软通动力的价值评价主要遵循两大原则

第一，要遵循突出重点、抓主要矛盾的原则，也就是聚焦管理中的提高产品和服务的质量、降低成本、提升综合效益。这既有利于潜力的增长和效益的提高，也有利于实现整体利益的一致性。

第二，要遵循分级、分类的原则。面对不同的业务，公司会根据其发展级别所呈现的特点进行差异化考核。整体来说，成熟业务考核以经营为导向，成长业务考核以发展为方向，初期业务考核则是以战略成功为导向。

软通动力依据各部门及员工所创造的价值来进行价值分配，这势必涉及如何合理地对价值进行分配的问题。在这个时候，只有做好价值评价，将价值创造与价值分配连接起来，员工才能在稳定有序的平台上拥有持续奋斗的动力。

为此，软通动力还制定了具体的价值评价方法与标准。

首先，各部门和岗位在制定关键绩效指标（KPI）和价值评价方法时并非随意孤立地制定，而是围绕公司的总目标来分解和贯彻。因为只有在总目标引导下，对管理与服务目标进行分解，才能起到综合治理的作用。每个层级的团队所承担的指标，都应该对公司战略总目标有所裨益。这种为贯彻总目标的具体实施策略，既责任清晰，又能加强团队协同。

其次，价值评价强调每个人对资本的贡献价值，在这一价值下，每增加一个人，都应为公司带来相应的增值。简而言之，一切以为公司作出多少贡献为基础，不过分强调市场比较和个人需求。在强调贡献的基础上，公司再合理地切分劳动与资本的收益分配比例。

最后，价值评价强调人均效益的提升。相比于简单地裁减人员数量，保持业务增长是提升公司人均效益的重要手段。想要提升人均效益，就必须有效地支撑业务发展，不断提升组织效率，盘活现有人力资源。在这一要求下，公司在制定价值评估标准时，就会根据整体业务，以及各业务单元、各支撑辅助部门业务发展与管理的实际情况，实事求是地确定人均效益的提升要求，从而建立分类不同的效益提升目标，促进与保障成长型和拓展型业务的持续有效发展。

总而言之，软通动力的价值评价体系强调贡献和效益产出。对客户作出贡献，对企业作出贡献，才是价值评价的标准和依据，也是软通动力价值评价的重要立足点。公司只有将价值评价做好，才能做好价值分配。当然，没有哪家公司的价值评价体系是一成不变的，对于价值评价体系的建立和完善需要公司长期坚持，只有科学评价价值，软通动力才能有效实行科学管理，助推业务的持续增长。

1.3 动力点：用价值分配撬动价值创造

阿里巴巴创始人马云曾经说过，员工离职大概有两类原因——钱没给到位或心受委屈了。简单来说，就是企业的价值分配出了问题。在企业当中，价值评价公正、合理，充分保证优秀的奋斗者和贡献者获得相应的价值回报，把员工的贡献与回报紧密联系起来，让员工看得见，员工才会更有动力为企业创造价值。

价值分配既是价值链循环的终点，也是新循环的起点。价值分配通过对价值创造诸要素、过程和结果的激励与回报，可以将价值创造进一步扩大，从而推动企业可持续发展。著名管理专家吴春波教授曾说过："对于企业来说，回答谁创造了价值是价值评价体系与价值分配体系建立的基石。不回答谁创造了价值，也就无法解决价值评价和价值分配的问题。道理很简单，谁创造了价值，就对他创造的价值进行评价，并按照一定的标准进行价值分配。这是完整的过程，也是实践中无法绕过去的问题。”

作为一家高科技企业，软通动力也深知人才的重要性。尤其是具有创造力的人才，更是决定着企业的核心竞争力。而公正、合理的价值分配原则，就是撬动员工创造力的最佳动力点。为了激发员工动力，鼓励员工创造更多的价值，软通动力制定了相应的价值分配方针（见图1-2）。

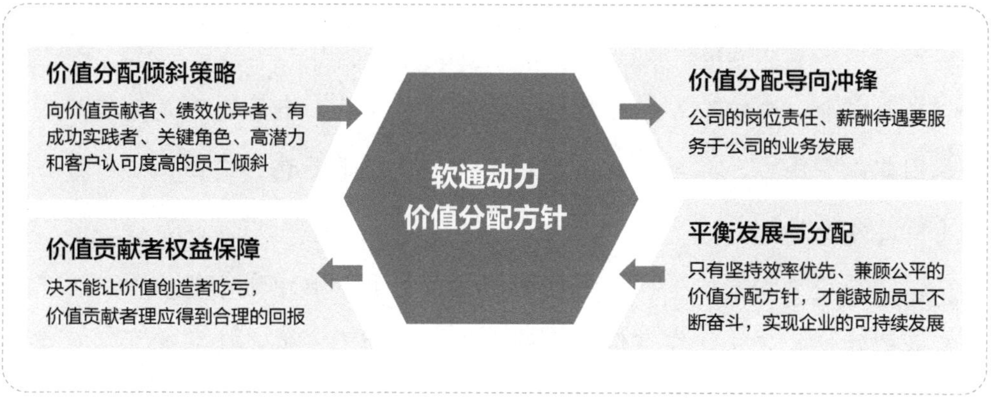

图1-2 软通动力价值分配方针

第一，价值分配倾斜策略。软通动力的价值分配体系主张向价值贡献者、绩效优异者、有成功实践者、关键角色、高潜力和客户认可度高的员工倾斜。公司的薪酬体系要让员工感觉到，必须通过努力和贡献，并取得良好的业绩和成功的实践，才能得到更大的回报。

第二，价值分配导向冲锋。软通动力的价值分配体系主张公司的岗位责任、薪酬待遇要服务于公司的业务发展，目的是要建立一支勇于冲锋、能打硬仗、不畏艰难困苦的战斗队伍，推动公司业务的发展和成功。

关于这一点，在软通动力内部体现得十分明显。在公司里面，很多团队都是从无到有快速成长起来的，他们经历过起步的阵痛、方向的迷茫、攻坚的困难，最终凭借冲锋精神实现浴火重生，自己也获得了相应的价值回报。

2021年，一位项目经理接手公司的一个云销售项目。在刚接手项目时，团队业绩完成率不到5%，在整个大部门业绩排名垫底，整个团队内外部压力都很大，士气十分低落。

在此之前，这位项目经理自己并没有带过团队，自己也不是销售科班出身，因此颇有压力，心里也有很多顾虑："我能带好这样的团队吗？万一我带不好怎么办？"

部门领导及时发现了项目经理的顾虑，马上与他沟通，并给予他很多行之有效的建议和方法。在部门领导的支持和激励下，他迅速明确了项目整合的方向，之后开始集中精力，对团队进行大刀阔斧的革新与整合。

为了进一步加强团队管理，他明确了部门内部的激励制度，积极营造良好的团队氛围，并坚持每周晾晒团队成员的业绩，让每个人都能看到自己和他人的业绩。每月底，他还会根据业绩评选出团队的销售冠军，并及时给予激励和奖赏，以激发大家的工作积极性。此外，他还定期组织沟通会议和团建活动，加强团队文化建设，提升团队的凝聚力和士气。

通过以上举措，团队中的每位成员都对公司的价值评价和价值分配制度有了清晰的认识，也对自己努力的程度和获得的价值分配的关系有了明确的预期。在大家的共同努力下，团队业绩迅速提升，仅仅3个多月的时间，就在客户的一次企业上云节活动中取得了优异成绩。不久之后，该团队又拿下了一项重点业务的中台项目，同样顺利完成了落单和回款工作。

在大家的共同努力下，该团队超额完成了公司全年的项目任务，并保持全年盈利，人均业绩在各部门排名第一。团队成员都获得了自己的价值回报，工作积极性大大提高，为公司创造了更多的业绩，同时也使自己的价值回报得到了进一步的提升。

对于一家企业来说，它的激励体系一定要形成正向效应。而这个项目团队的“逆袭”故事，充分说明了对员工进行价值激励，激发员工的冲锋精神，为企业创造价值的重要性，同时也说明以价值分配来撬动价值创造对员工来说更有力度。

第三，价值贡献者权益保障。在软通动力内部，不管是高层决策者，还是中层管理者，大家都形成了这样一个共识，就是决不能让价值创造者吃亏，价值贡献者理应得到合理的回报。因为只有贯彻好这一方针，才会有更多的人为公司作贡献，这也是公司的基本价值分配策略。员工在公司实现职业发展和个人价值的途径有两个：一是奋斗，二是奉献。员工个人的奋斗是无私的，而公司不应该让价值贡献者吃亏。

第四，平衡发展与分配。价值分配方针也要保障企业的持续稳健发展。软通动力的价值分配方针是着眼于客户、员工、企业三者的利益统一而设立的。当企业保持稳定发展态势，不断赢得市场竞争优势，获得可分配的资源，就能以此回馈客户和员工。同样，只有坚持效率优先、兼顾公平的价值分配方针，才能鼓励员工不断奋斗，实现企业的可持续发展。分配和发展的持续性，两者相互依存、缺一不可。

为此，软通动力所制定的价值分配方针一方面着眼于增强对人才的吸引力，另一方面也在不断提升公司对抗整体经营风险的承受力，并且业务发展越顺利，公司规模越大，就越要考虑到这些隐藏在价值分配背后的危机，越要预见未来的不确定性风险。基于这种责任感，软通动力在价值分配方面合理承诺、有效激励，以平衡公司压力，逐步将风险意识传递给每一位员工，让大家既能认识到形势的多变，也能意识到公司可持续发展的重要性，从而与公司共同努力，主动为公司担责，进而在最佳时间、以最佳状态，为公司创造更多价值、作出最佳贡献，同时也让员工获得属于自己的那一份价值回报。

1.4 支撑点：四项策略夯实价值分配

著名管理学家吉姆·柯林斯和杰里·波拉斯在《基业长青》一书中指出，管理的本质是造钟。所谓造钟，就是建立各种合理有效的机制，让机制指引和推动员工做出正确的行为，为企业创造价值。而企业做得好，很大程度上取决于企业能不能做好价值分配。合理的分配制度是一种激励和价值导向机制，推动着企业保持良性的持久经营。

沃尔玛的创始人山姆·沃尔顿就是一个杰出的“造钟人”。山姆·沃尔顿把自己一生的大部分时间都投入到了沃尔玛的组织调整和发展上，而不是专注于塑造自己的领袖性格。

首先，山姆·沃尔顿采取了一种称为“店中店”的策略，赋予各个部门经理经营自己部门的权力和自由，就好像这个部门是经理自己的公司一样。此外，他还制定了星期六晨会制度，在会上，主角经常是一位尝试创新且确实取得良好效果的员工；对于提出新构想并让整个公司获益的员工，山姆·沃尔顿就用分红和员工持股的方法作为直接的奖励。

正是在企业中运用了这种“造钟”的管理理念，山姆·沃尔顿才为沃尔玛建立了能够自行进化和变革的组织，打造了一个经久不衰的伟大企业。

软通动力在发展过程中，也借鉴了国内外优秀企业的价值分配制度与策略，同时结合自身的特点，制定了一套符合软通动力成长与发展的价值分配策略（见图1-3），并推广实施，用以夯实公司的价值分配制度。

图1-3 软通动力价值分配策略

第一，发展机会和利益分配向价值创造者和成功团队倾斜。

软通动力认为，对员工的待遇不仅仅指薪酬，还包括职务的分配、责任的承担等，同时倡导发展机会的分配应向价值创造者和成功团队倾斜。软通动力一方面通过持续的机制创新为员工提供成长与发展的空间；另一方面通过公平竞争机制，对公司的机会资源进行合理分配。

公司鼓励每一位员工通过努力工作和不断提升个人能力来实现职级晋升。与此对应的，公司还建立了公平的竞争机制，让所有员工都有平等的机会参与职级晋升，坚决推行能上能下的干部制度。

第二，各种经济利益的分配体现各自的报酬定位。

软通动力建立了一个将员工个人收入与公司整体效益相联系的浮动价值分配制度；以员工的岗位责任和长期奉献能力定薪酬，以短期贡献定奖励；员工获取的工资要看个人能力，同等能力的要同工同酬；员工的奖金看效益，根据个人业绩获得相应额度的奖金。

第三，奖金分配要打破平衡，向高绩效者倾斜。

在软通动力看来，想要让优秀员工有动力、持续不断地为公司创造价值、作出贡献，就必须在各方面都给他们“加满油”。因此，在奖励和奖金的管理与分配上，软通动力主张向高绩效者倾斜，根据员工的实际贡献来决定他们能获得的价值权重。通过倾斜式的激励措施，充分激发优秀员工的工作热情，使他们在已有的工作成果基础上为公司创造更大的价值。

第四，对员工的非物质激励要系统性地规划。

非物质激励是员工报酬体系中重要的一环，如果运用得当，可以达到与物质激励一样的效果，甚至可能产生超出预期的积极影响。因为企业采取物质激励的方式，主要满足了员工的基本生理需求和安全需求，这些是最基本的需求。而随着员工的成长和发展，他们的需求也会有所不同。企业只有满足员工更高层次的需求，才能真正有效地激励员工。

但是，很多企业对给予员工价值分配内容还停留在浅层次的认知上、局限在物质利益的分配上，这就导致企业激励的资源和手段有限，尤其是在企业经营遇到问题时，激励措施更容易变得捉襟见肘。而且，过于强调物质本身的激励，还会导致激励的边际效应下降，难以持续发挥精准的激励效果。

因此，企业对员工进行价值分配应该不仅仅包括物质利益的分配，还应该包括非物质利益的分配。一般来说，物质利益的表现形式包括工资、业务提成、绩效奖金、中长期奖金、股权分红、各种补助与津贴。软通动力根据员工所创造的价值，既重视为其提供相应的物质利益，也重视为其提供各种非物质利益，如学习机会、成长机会、荣誉、任职资格和弹性工作机制等，尤其在颁发荣誉、提供培训机会和晋升机会等方面更为关切。其中，晋升类型分为常规晋升与破格晋升：前者面向公司全体员工，符合晋升资格的员工都会按照路径逐级晋升；后者是根据公司业务发展需要，且员工也为公司作出了突出贡献，而对员工进行破格提拔；面对高绩效、高产出，获得客户认可的项目交付人员，也会及时给予晋升奖励。这不仅是对物质激励的一种补充，更重要的是能够满足员工的多层次需求。

以上四项价值分配策略，既避免了公司价值分配中的短期行为，又考虑到软通动力的可持续性发展，强化了公司的价值分配体系。而其中的各项激励措施又极大地调动了优秀人才的工作积极性，并在全体员工中营造了一种比贡献、比能力的良好工作氛围，推动整个公司高效运作。

1.5 关键点：从制度层面化解分配矛盾

华为创始人任正非认为：一个企业的经营机制，说到底就是一种利益的驱动机制。企业的价值分配系统必须合理，而价值分配系统合理的必要条件是价值评价系统必须合理，价值评价系统要合理，价值评价的原则以及企业的价值观系统、文化系统就必须是积极的、蓬勃向上的。

一方面，合理的价值分配，即分好钱十分重要。为什么华为的员工战斗力比别人强？一个重要因素就是分钱分得比别人好。2019年年初，华为轮值CEO徐直军在记者会上被人问道：华为成功的秘诀是什么？他不假思索地回答："任老板分钱分得好。"

另一方面，价值分配又具有很强的挑战性。因为合理的价值分配很难做到"绝对公平"，但若是这种矛盾不能及时、合理地解决，就会导致员工只看到不利于自己的一面，从而影响工作的积极性，企业内部也会失去你追我赶的工作活力。

因此，软通动力强调：想要促进企业均衡、可持续发展，就一定要解决好价值分配的问题。尤其是价值分配中的矛盾问题，一旦处理不好，就会给企业运营带来巨大风险。

面对价值分配的4类矛盾（见图1-4），软通动力构建了行之有效的应对之策。

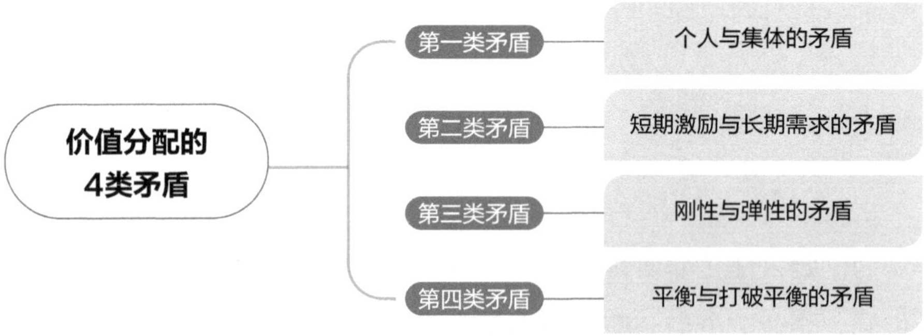

图1-4 价值分配的4类矛盾

第一类矛盾：个人与集体的矛盾。

一方面，公司发展的长远利益与员工关注的短期利益之间有时候是存在一定矛盾的，软通动力面对这样的矛盾，会积极在二者之间寻找平衡点，驱动公司和员工共同为企业目标而努力；另一方面，软通动力也鼓励集体中的个人英雄主义，根据员工的个性、特点、能力和对公司的贡献情况，积极调整集体或个体的导向取舍，维持集体合作与个人英雄主义之间的平衡。因为对个人成功的评价首先要基于对公司与部门集体成功的贡献，而在评价公司与部门集体的成功时，也要识别出驱动成功的个体英雄。对于需要发挥团队力量的业务，公司要处理好个体分配拉开差距和稳定平衡的关系，避免无谓的组织内耗，充分发挥组织中所有成员集体奋斗的力量；针对个体激励，也要大胆地拉开距离，鼓励个体充分发挥个人英雄主义的引领作用。

但是，从整体上来说，软通动力强调企业利益是第一位的，员工要以企业的利益与效益为重，将个人努力融入集体奋斗之中。因为只有先确保集体获得利益提升，个人利益才能得到保障。在这一点上，经过多年的企业文化建设，软通动力的员工早已对此建立了认同感。没有企业的组织，员工个人无法单独为客户创造价值；没有公平合理的价值分配，员工的工作潜能也无法持续爆发。将个人努力融入集体奋斗之中，再由集体将价值对应地回馈给个人，方能实现上下同欲，共同发展。

第二类矛盾：短期激励与长期需求的矛盾。

企业的价值分配是以短期激励为重，还是以长期需求为主？这通常需要结合企业的可持续发展目标来确定。

企业的可持续发展目标非常明确，就是通过赢得客户的信任和提升市场竞争力，来确保自己在市场上更好地生存和发展。在这一目标驱使下，企业就要选拔出更多优秀的员工，通过合理的回报激励他们为企业的可持续发展奋斗。

软通动力在成长和发展过程中推行了很多有效的激励机制，确保员工可以获得相应的价值回报，提升了员工创造价值的积极性，同时也强调了企业的可持续发展，既要看到价值创造者的短期激励，也不能忽略企业发展的长期需求。一般来说，短期激励是为突破短期业绩目标而设置的，长期激励则是企业为突破更长阶段内的持续、健康的业绩目标而设置的。两者目的不同，因此长短期激励需要分开设计，且互为补充。如果过分关注短期激励的效用，可能会让员工更有创造价值的动力，但长期来看，这种做法可能会导致员工暂时忽略集团目标、长远目标，使企业难以健康、持久地发展。企业无法持久发展，员工利益自然也无法得到持久的保障。

当然，企业的发展也离不开员工的价值创造。想让价值创造者可以持续地创造出更多的价值，必须让价值创造者获得合理的回报。基于此，软通动力在给予员工的报酬和待遇上，一直都坚定不移地向优秀员工、业绩优秀者、价值创造者、贡献者、成功者大胆倾斜，让真正的价值创造者看到自己的收益。与此同时，软通动力也十分关注企业的长期发展，因而在兼顾员工短期激励的同时，更加注重企业的长期需求与发展。只有两者互相制衡、又互为补充，企业才能提升竞争力，赢得客户的信任，在市场竞争中占有一席之地，同时也让员工获得更多的回报。

第三类矛盾：刚性与弹性的矛盾。

软通动力的整体价值分配政策强调控制刚性、增加弹性，增强对价值创造者的短期激励效应。因为对于刚性的东西，员工只有在获得升职加薪时才能体现出来；而弹性的东西，如奖金、浮动的工资等，只要员工创造的价值多，就可以获得，这就可以极大地提升员工的工作积极性。

第四类矛盾：平衡与打破平衡的矛盾。

所谓平衡，就是公司的职位、职级系统要保持整体框架的稳定；而打破平衡，则是让职位、职级框架具有一定的灵活性，可以根据公司的业务需要，在一些关键点上合理打破平衡，敢于破格提拔、奖赏那些业绩突出的员工，保证利益分配的合理性。

面向未来，软通动力还会实现多重、多次、多种利益分配机制，并体现出不同考核单元之间的相互支持，以确保公司各方面利益趋于一致，实现公司整体一盘棋，在不断打破平衡又不断导向平衡的过程中，推动公司持续、健康地向前发展。

第二章 战斗堡垒：强有力的人才队伍

在一个普通的招聘日，软通动力的招聘专员Kelly正忙着翻阅一摞摞厚厚的简历，她的目标很明确——为公司找到一位出色的产品经理。

突然，一份简历吸引了她的注意力。这位候选人不仅主导过3个大项目，手握10项国家专利，还带领团队攻克了7个技术难题。Kelly眼前一亮，立刻按照流程向他发出了面试邀请。

在前两轮面试中，这位候选人的表现几乎无可挑剔。他的专业技能扎实，逻辑思维清晰，解决问题更是游刃有余，与软通动力的技术需求不谋而合。Kelly心中暗自窃喜，觉得这次可能找到了“对的人”。

然而，就在最后一轮面试即将结束时，候选人的一句话却让现场气氛骤然冷却。他直言不讳地说："作为技术人员，我追求的是技术的极致，而不是仅仅局限于为公司、为客户服务。"

Kelly听后，沉思片刻，然后诚恳地对他说："我们做产品的初衷，就是要为客户创造价值。如果你的产品融合了各种精尖的技术，却无法为客户带来实际价值，那它的开发就失去了意义。经过全面考量，我认为你或许不太适合产品经理这个职位，但我非常认可你的技术实力，所以我想邀请你成为我们公司技术方面的带头人，薪资待遇高于产品经理岗位。"这位候选人最终被录用为某技术负责人。

软通动力一直秉持着"人尽其才，适才适用"的原则，既接纳有独特才能的人，也包容有特殊性格的人，真正做到"不拘一格降人才"。

2.1 规划：始于人才画像

在全球新一轮技术革命的驱动下，数字经济强势崛起，呈现蓬勃发展的态势。作为一家拥有深厚行业积累和全面技术实力的综合性数字技术服务商，软通动力如何乘着数字经济的东风不断构建企业的竞争优势，毋庸置疑，人才是最不可或缺的战略性资源。

软通动力需要什么样的人才？具有哪些能力素质的人员能够成为软通动力的核心力量？面对未来的挑战，具有哪些潜力的人员可以成为驱动企业高质量发展的引擎？构建人才地图、开展人才规划，首要一点便是绘制“人才画像”，也就是对实现企业战略匹配所需要的人才进行全方位描述。

“人才画像”又称为“胜任力模型”或“能力素质模型”，是将某一岗位上成就卓越的人与成就一般的人区别开来的深层特征，通常以岗位上的“绩优”人员作为标准测量在职及潜在的员工是否具有达成高绩效的潜力，因此也被称为选拔模型、发展模型。

构建人才画像是企业人力资源管理常用的一种手段，不仅可以帮助企业在人才招聘的时候精准识别人才，还能高效实现人岗匹配，并让企业的培养和激励计划在打造高绩效人才队伍方面更有针对性。为了持续强化数字化创新业务、深化布局战略新兴行业，软通动力构建了与公司未来发展战略相匹配的人才画像，主要包括以下6个维度（见图2-1）。

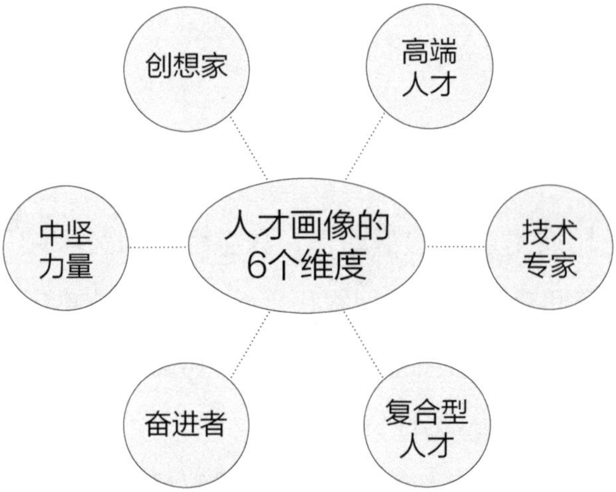

图2-1 软通动力人才画像的6个维度

1.承接公司核心战略需求的高端人才

为推动公司业务发展战略的落地，软通动力通过建立集团高端人才库管理运行机制，不断寻找、识别、储备、吸纳行业领军高端人才，提升干部队伍的战斗力。

高端人才是指各行业的领军人才，他们具备超群的行业与市场影响力，能够深刻理解公司的业务战略，并且具有很强的战略规划能力和经营管理能力，可以快速带动公司子战略在业务、市场、组织、团队等方面的落地，为公司未来发展积势蓄能。

2.深耕行业、业务专精的技术专家

软件与信息技术服务行业属于知识密集型行业，业务专精是软通动力对技术型人才的核心要求，技术专家、业务专家是软通动力极为期待的人才，这类人才能够通过精研技术解决工作中遇到的各种难点、卡点问题，能够与不同部门的人员以及客户一起探讨架构方案，在工作中勇担重任，能够独当一面完整地负责某一条业务线。

近几年，软通动力每年都会从员工中遴选优秀团队和个人，授予其“软通榜样”的荣誉称号，其中一个奖项就是“技术大咖奖”，对不断精研技术的人才进行奖励，希望通过他们为公司树立标杆榜样，在公司形成追求技术精进无止境的氛围。

3.了解业务、识人善用的复合型人才

所谓复合型人才，首先需要有较高的商业敏锐度，即能够站在CEO的角度从整体利益出发开展业务，从财务视角明确知道企业是如何创造价值的、利润是如何产生的，并且善于以市场为导向看到企业的核心竞争优势在哪里，更能深刻理解企业经营的全景以及如何达成业绩目标的。

其次，复合型人才还需要拥有持续学习创新的能力，面对不断变化的市场环境和技术趋势，能够通过学习创新来满足时代发展的需求，为客户提供

高满意度的服务。

最后，复合型人才还需要具备高超的管理技巧，能够发现下属的长板和短板，让长板发挥最大价值，并且规避短板给工作带来的不利影响。与此同时，复合型人才还应该善于授权管理，能够充分发挥团队人员的主动性和创造性，从而高效保障组织目标的实现。

4.善于学习、追求卓越的奋进者

当下，知识迭代极快，客户的需求与日俱增，员工的学习能力成为企业保持竞争优势的关键因素。软通动力希望员工能够善于快速学习，通过学习不断提升自己的技能、丰富自身的知识结构，并将所学应用到客户服务中，让自己在激烈的职场竞争中保持优势。

软通动力不仅鼓励大家学习，还为员工提供丰富的学习资源和平台，如提供多种赋能培训项目、可实现一站式人才赋能的iCollege远程云教育平台，助力员工成长为具有更高素质的人才。

5.拼搏进取、踏实肯干的中坚力量

软通动力崇尚奋斗者精神，鼓励大家秉持爱岗敬业、争创一流的精神，兢兢业业投身日常的工作，凡是踏实肯干的奋斗者，不论在薪酬福利还是职级晋升上，都会得到及时的回报。在软通动力，奋斗者的发展通道一定是明晰、通畅的，并且作为组织的中坚力量会获得更多、更大的资源支持。

6.思维开放、拥抱变化的创想家

软通动力所需要的人才必须具备创新精神，不能局限于传统思维而对新的思维、新的事物视而不见。能在软通动力取得成功的人一定是具有自驱

力、勇于担责的员工，他们能够以开放的心态主动拥抱变化，不断挑战自我，以进取的心态为自己和组织创造新的发展机会。

“软通榜样”的评选，特别面向团队和个人设立了“变革新锐奖”“锐意创新奖”，奖励那些聚焦业务、积极创新的优秀者。在软通动力，只要你是一个不断寻求突破的创想家，就有机会获得更大的舞台，让个人价值迸发出更大的能量。

在人才画像的基础上，软通动力还将价值观考核嵌入人才招聘环节，如某些岗位重点考核“品质、学习、开放”维度，某些岗位重点考核“创新、开放、价值创造”维度，通过针对性提问，进一步评估人员与岗位的适配性。

2023年5月，软通动力已实现候选人文化价值观评价的全面覆盖，精准识别与公司文化价值观相契合的人才，提升人员适岗性，打造有竞争力的雇主品牌，实现人才吸引及留存。

人才是企业获得竞争优势最重要的资源，如上所构建的人才画像，是软通动力推进业务战略、不断在市场获得竞争力所需要的人才最重要的特征。毋庸置疑，随着业务战略和组织能力的不断重塑，既有的人才画像也会呈现一定的动态变化，使企业的人才管理和发展与业务发展进一步深度融合。未来，在大数据和人工智能技术的加持下，人才画像的精准度和有效性有望进一步提升，让人才引擎为企业提升业务竞争力提供持久动能。

2.2 策略：多元人才供给强化组织用工柔性

随着工业化时代向着数字化时代的演变，企业从“流程机器”发展为更具柔性的“有机体”，这也推动组织形态发生了巨大的变化。之前企业主要采用直线职能型组织结构，而进入数字时代后，项目型组织、客户型组织更符合企业战略发展的需求。与此相应，企业在用工上也越来越灵活，带动了多元用工模式的普及。

当下，受惠于互联网技术的普及远程工作模式的兴起，越来越多的企业告别了单一的用工模式，企业与劳动者之间的关系变得更加多元、灵活，劳动力更加多样化，多元化用工模式重构了企业的用人逻辑。事实上，早在1984年，英国苏塞克斯大学的阿特金森就提出了“弹性企业模型”，将其定义为：企业为了完成任务，不再像过去那样采取刚性的管理方式，而是利用弹性及多样性方式来取代传统的单一化人力雇佣，以更好地适应环境的变化。

在企业用工方式向多元契约关系转变的趋势下，为了全面拥抱新经济、服务新经济，软通动力于2017年正式引入多元化用工管理形式，逐渐构建了以正式劳动用工为主体，劳务人员和实习生、伙伴计划等为补充的多元化用工模式（见图2-2），这些模式为软通动力提高人力资源配置发挥了重要作用。

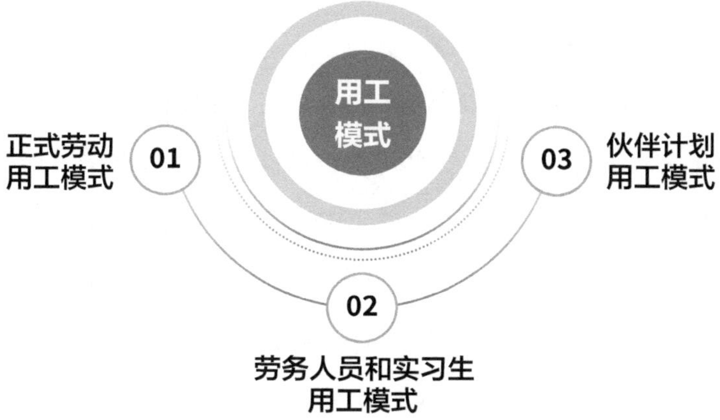

图2-2 软通动力用工模式

1.正式劳动用工模式

为了紧紧把握数字化转型和信息技术自主创新的战略机遇，创新升级是软通动力当下的要务，在近一两年的发展中，软通动力聚焦金融科技、数字能源、数字咨询、工业互联网及AI与大模型应用等战略新兴行业，面向战略客户的全方位综合服务能力不断得到提升。战略客户通常对业务稳定有一定的要求，因此服务此类客户的业务岗位，一般会选择正式劳动用工模式。

也就是说，对于能够创造高价值、高贡献的客户业务岗位，适用于正式劳动用工模式，该模式不仅可以满足战略客户的稳定业务用工需求，还能给企业一些关键岗位的能力提升带来积极效果。

正式劳动用工模式由员工与软通动力签订正式劳动合同，建立标准的劳动关系，由软通动力直接对员工进行劳动管理，用以保障核心人才的稳定性、业务的连续性，以及项目交付的高质高效性。

2.劳务人员和实习生用工模式

企业在发展的过程中，有时候需要引入外脑提供咨询顾问服务，这些专业人士透过第三视角帮助企业发现问题、解决问题，能够帮助企业制定更科学的战略规划。与这些人员合作，适用的是劳务人员用工模式。劳务人员以个人名义与软通动力签订协议，建立劳务关系，双方的法律关系为民事法律关系。对于类似咨询顾问类阶段性工作、临时性任务的岗位，首选此类用工模式，有助于实现企业人力资本的柔性管控。

每年到了毕业季，即将毕业的高校学生为了构建自身的专业体系，会以实习生的身份进入企业工作，他们思维活跃、主观能动性强，更具可塑性和潜力。软通动力非常欢迎实习生加入企业。为了匹配各业务线战略客户对优质人才的需求，满足各职能领域重要核心岗位优质人才储备，软通动力会通过校园招聘渠道定向招聘此类人员，希望把他们培养成对企业忠诚度高、未来潜力大的初级专业人才。而这就是实习生用工模式，这一模式有助于进一步保障对重要岗位的人才培养与梯队建设，让企业提前做好人力资源储备。

3.伙伴计划用工模式

在业务开展的过程中，往往会出现短期内大批量波峰与波谷的用工需求，如审核类、客服类批量执行的岗位，非战略业务中的临时性、可替代性、辅助性岗位，这种情况下，往往会选择伙伴计划用工模式。

该模式下的人员以平等主体身份与软通动力建立合作，通过开放的互联网平台向软通动力交付业务成果，公司以服务费的形式采买交付成果与服务。

值得一提的是，软通动力多年以来所打造的专业、规范、高效、强大战斗力的人才供给团队，既为软通动力所实行的多元化用工模式提供了重要保障，又以更低成本、更高效率为客户实现了高质量人才供给。如针对初级资源、中高级资源、专家资源，从供给方式、供给资源、供给交付组织等维度构建了全面的人才供给生态，通过分层供给的方式，提升招聘的精准度及质量，缩短供给周期，降低招聘成本。与此同时，软通动力还积极打造招聘私域流量，通过建立求职社群、投放朋友圈广告、组织招聘直播、举行内推招聘节、运营招聘小程序、引入招聘经纪人等形式，搭建企业私有人才资源池，摆脱对传统招聘渠道的依赖，实现招聘精准触达候选人，不断促进内外部资源的高效整合，从而有效保障人才供给的质量和速度。

除了上述传统的用工模式，随着数字技术与实体经济的深度融合，2020年，软通动力利用云计算、大数据、移动互联、人工智能等技术，开发出了“数字员工”RPA（机器人流程自动化），为企业用工模式带来了更具革命性的探索。

RPA打破了人与机器的边界，在协助人类完成大量规则较固定、重复值较高、附加值较低的任务的基础上，还可以提供一对一定制等专业服务，帮助客户不断挖掘新场景，并实现流程优化。从工作结果来看，RPA在资源获取、交付能力、EHS [Environmental（环境）、Health（健康）、Safety（安全）]、财务健康等10个大项近40个管理维度都表现出色，是企业数字化转型升级的得力助手。

数字革命不仅重构了商业模式，还对企业的用工模式产生了颠覆性影响。在工业时代，员工被视为企业进行价值创造的“任务工具人”，而进入数字时代，在数字技术的赋能下，员工直接为客户提供服务，员工与企业一起成为价值共创者，这也为软通动力进一步探索更多样化的用工模式开辟了新的空间。

在人工智能、物联网和云计算等新技术的赋能下，未来的工作方式充满无限想象。软通动力将持续与时俱进，借助更多元、更具创新性的用工模式强化人才供给，助力企业抢占时代先机，打赢人才战。

2.3 核心：选人的“五大要素”和“四大标准”

软通动力作为数字技术产品和服务创新领导企业，在人才市场吸引了很多求职者的关注。软通动力每年会开辟多种招聘通道，遴选优秀的人才加入企业，夯实高质量发展人才支撑。在选人的时候，软通动力除基于岗位要求对面试者的技术职能、学历学位、工作经验、项目背景、专业资格五大要素进行充分了解和评估外，还设立了四大标准（见图2-3），以便更精准地找到与岗位要求及组织文化相匹配的人才，提高招聘的精准度。

1.爱岗敬业

爱岗敬业是至诚守信优秀品格的体现。软通动力认为，优秀的品格是重要的无形资产，是个人与企业、企业与客户之间共同发展的坚实基础，因此，在面试招聘的过程中，软通动力会通过一定的面试工具和面试技巧充分考量求职者是否具有爱岗敬业的品质，把好人才的入口关。

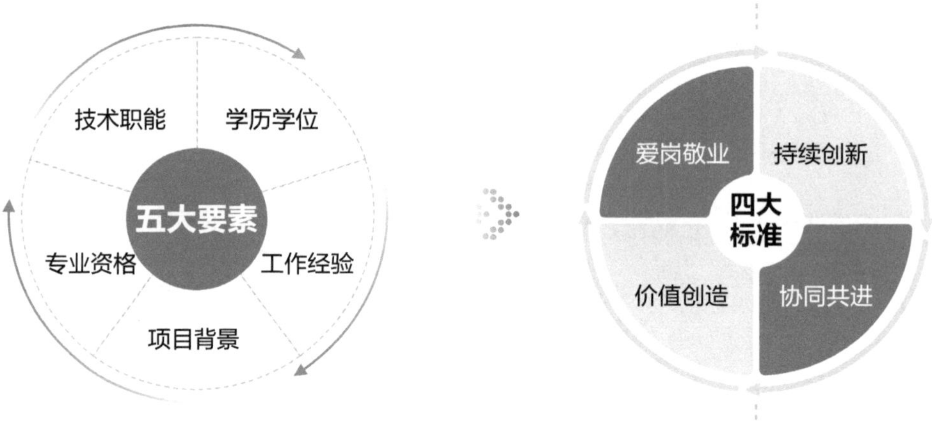

图2-3 软通动力选人的“五大要素”和“四大标准”

2020年11月24日，一名销售候选人正式加入软通动力大家庭，入职的第一天被邀请加入济南的产业云项目。当时，软通动力的产业云业务刚刚起步，亟须向客户展示软通动力的战略投入决心及专业性，于是项目组迅速从各个业务线抽调20余名骨干组建了攻坚团队。

加入项目组后，这名员工便立即出差济南，全身心投入项目，与团队人员一起白天拜访客户、沟通需求，晚上加班加点学习相关专业知识，在短短3个月的时间内，团队不负使命完成了近2000万元的业务蓄水，增强了客户与软通动力深度合作的决心。

随后，该项目因为一些原因数次延期，直到2021年3月下旬，项目再次启动。按照规划，项目组需要在上半年完成3000万元的任务，而此时距离目标完成的截止日期，仅剩下3个月的时间。

为了追赶项目进度，这名员工与项目组人员马不停地忙碌起来，招人、培训、拉齐需求、研究打法，终于让项目倍速推进，在上半年超越目标完成了3015万元的业绩。

凭借爱岗敬业、使命必达的精神品质，这名员工获评2021年度“软通榜样”最佳销售奖，而这名员工所具有的精神品质，正是软通动力在面试新人时所考量的重要原则之一。

2.持续创新

面对严峻的市场环境，软通动力一路走来，不断与众多行业重量级客户深度绑定，逐渐成长为中国数字技术服务领域的领导企业，这离不开对于创新的坚守。因此，软通动力在遴选人才时，会甄别对方是否具备持续创新的精神，是否能够通过持续学习不断提升自身的专业水平与能力，是否能够全力以赴地投入工作，并将持续创新精神视为工作的原动力。

2021年国家票据政策发生重大调整，为持续保持市场占有优势，拓展更多的市场渠道，软通动力对票据产品的引领性、适用性、拓展性提出了更高要求，武汉票据团队临危受命，接下了票据产品更新换代的研发任务。

工作任务确定后，武汉票据团队深入研究业务，全面学习新技术，一边深入研究票交所的政策要求，一边充分调研市场不同客户群体的特征，并基于竞品分析，对票据业务进行了专业性分析和总体规划。通过多套技术架构方案预研、复杂业务场景排演、多地虚拟团队合并开发和管理，历经半年时间，团队成功在预定时间内打造出新一代票据产品1.0版，产品最终成功签约多家财务公司，同时多家司库项目也签约落地。

政策环境与市场趋势的变化，促使我们不断更新自身的知识体系和知识结构，通过学习为创新变革提供无限动能，进而转化为业务上的竞争优势。软通动力希望所招聘的人才都能像武汉票据团队那样，将持续创新融入日常的工作，能够依据市场及客户的反馈高质量迭代自身的技术和产品功能，为公司战略目标的实现提供强有力的保障。

3.价值创造

软通动力已经形成了以价值创造者为本的企业文化，将为员工个人、股东、客户、社会创造价值视为企业的根本使命。这一理念反映到人力资源选人上，就是善于接受新鲜事物和观念，并对工作进行修正、完善，从而推动价值创造的面试者，会有望加入软通动力大家庭。

2022年3月至2022年12月，软通高科技与创新产业事业群达飞WIND项目团队负责为客户提供微信生态解决方案，包括集达飞公众号、视频号、小程序、企业微信于一体的生态服务链，不论是团队面对突发异常事件的高效处理，还是在平时工作中所体现出的善于学习、精益求精的工作能力和服务精神，都受到了客户的高度认可与赞扬。2022年10月31日，达飞轮船中国小程序前5期功能上线发布后，在上海进博会展出期间，赢得了客户、用户与媒体各方的一致好评。

聚焦价值创造，为客户提供高质量的交付已然成为软通人最核心的工作准则，达飞WIND项目团队为这一准则写下了现实注脚。为了让新人尽快地融入软通动力的企业文化，人力资源部在招聘时也会侧重考量应聘者是否具备“价值创造”的潜质。

4.协同共进

能够匹配软通动力战略发展及人力资源规划的，一定是具有团队合作精神的人员，他们能与团队人员共同进步、携手合作，在创造企业价值的过程中实现个人价值，达成个人与企业的共赢。

为了重塑组织能力，软通动力打造了能力发展计划项目。作为涵盖部门最广、涉及部门负责人最多的集团战略项目，该项目跨所有事业群、所有职能部门，项目组共有关键任命成员240余人。参与该项目的人员需要共同基于可持续供应链管理（SSCM）模型，针对目标、机会点、方案等事项群策群力，这便要求所有成员都得打破部门的边界，开展有效协同合作，通过高效信息交互形成工作合力，共同推动项目落地。最终，项目组成员对模型的理解逐渐深入，并通过一系列集团级跨部门大型会议不断达成共识，保障了项目的高质、高效推进。

软通动力的业务大多采用团队作战模式，如果喜欢单打独斗、不善于多人协同的人员，一定是无法胜任软通动力的工作的。目前，软通动力拥有数万名员工，他们分布在全国各地，为蒸蒸日上的数字经济发展添砖加瓦，因此，面对如此庞大的员工队伍，软通动力所需要的人才必须具备合作共赢、共同进步的素质，这也是加入软通动力大家庭所必需的素质之一。

当下，数字化转型发展强劲，软通动力已经在该领域构建了一定的竞争优势。公司致力于不断携手合作伙伴创优转型生态，共创价值长期主义。为了实现这一使命，软通动力求贤若渴，希望更多的有识之士加入，共筑产业繁荣，为“数字中国”建设作出积极贡献。

2.4 流程：人才严选三部曲

企业践行高质量发展，招聘到合适的人才至关重要。为此，人力资源部需要在招聘环节做到精准、高效识人，这是企业规避用人风险、找到志同道合者的关键所在，对于人才的后续绩效表现意义重大。为了有效保障人才质量，应用于招聘实践，软通动力通过面试评估、人员测评、背景调查等方式进行人才严选（见图2-4），以便为企业和客户遴选到高质量的人才。

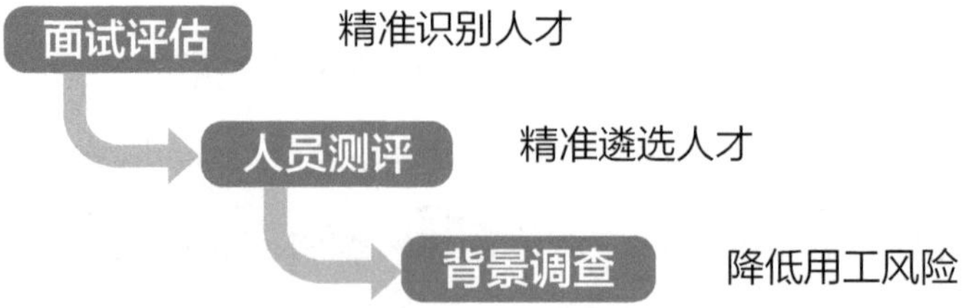

图2-4 软通动力人才严选三部曲

第一步：面试评估——分层分级垂直赋能面试官，面试官基于“人岗匹配”的核心精准识别人才。

人力资源部筛选出合适的简历后，便会与候选人正式接触，如何才能在信息不对称的面试环节快速锁定与职位相匹配的人才？软通动力在面试评估中的做法是以结构化面试为主，非结构化面试为辅，根据战略及业务发展的总体目标及方针，在公正、公开的原则下，基于“人岗匹配”的核心，让“岗得其人，人适其岗”的理念执行到位。

在具体实践过程中，软通动力招聘人员按照“知岗”“知人”“匹配”的步骤，致力于为企业筛选到最合适的人才。

所谓“知岗”，就是招聘人员与需求方充分沟通，积极了解工作职责，从而清晰界定出岗位描述，深度挖掘岗位核心需求，包括岗位所需人员的条件、资历及薪资区间，进而定义出胜任力标准。

所谓“知人”，就是充分了解候选人冰山之上的技能、经验、学历和冰山之下的性格、潜力、价值观，通过结构化面试法、行为面试法、高效的情景面试法、无领导小组讨论法、群面技术法等方法，对候选人进行全面评估，特别是将候选人的未来规划纳入考量，以便为企业匹配到更有创造力、发展潜力的人才。

所谓“匹配”，即通过对候选人的知识水平、能力结构、工作技能、职业倾向、发展潜能进行逐项测量和评价，综合评估候选人能力特征与岗位胜任力标准的匹配度，对人才做到初步筛选。

值得一提的是，为了打造系统化、标准化的专业面试官队伍，软通动力还特别开展了招聘标准面试官认证项目，通过分层分级垂直赋能，以此提升招聘面试官的胜任力。这个项目的开展，不仅有利于构建招聘面试官体系化流程，打造招聘面试官专业硬实力，提升招聘转化率，还有助于搭建统一、标准的面试官进阶体系，让面试官在认证进阶时有赛道可选，有赛道可冲。此外，招聘标准面试官认证项目的开展，对于树立雇主品牌形象也颇有助益，能够给予候选人最优体验，提升软通动力在市场的美誉度与知名度，从而吸引更多的优秀人员加入软通动力。

第二步：人员测评——借助心理测评、胜任力测评、综合素质测评精准遴选人才。

当候选人通过面试评估后，软通动力还会通过一系列科学的方法进一步确认候选人的胜任力。这些方法包括对人才的能力、态度、个性、意志等素质要素进行测量和评定。通过这些方法，软通动力能够提高在招聘过程中的效率和准确度。

首先会对候选人进行心理测评，从心理层面预测其行为“有没有风险”，包括心理成熟度、风险行为倾向等。此举有助于招聘人员更全面地了解候选人的心理健康状态，从而对他们在工作中可能表现出的行为和态度进行预测，降低招聘中的 EHS风险，提高招聘的科学性，客观地认识候选人。

除了心理测评，人力资源部还会对候选人进行胜任力测评，客观反映候选人的岗位匹配度、能力的优势与劣势、发展潜力与瓶颈，为企业招聘提供详尽的参考依据，提高面试评估的精准性。

此外，综合素质测评也是必不可少的环节，人力资源部通过科学手段对候选人所具备的素质特点以及候选人与岗位的匹配程度再一次进行全面评估，考量人员的可用性。

第三步：背景调查——通过全方位核对候选人所提供的信息，降低用工风险。

当候选人顺利通过面试评估和人员测评后，软通动力人力资源部会针对高层管理人员、特殊和敏感岗位（包括但不限于销售、财务、薪酬、采购、信息安全、秘书、司机及其他直属负责人）开展背景调查工作，以便更好地了解候选人，获得更全面的求职信息。该环节主要对于候选人所提供的信息进行第三方核对，检查候选人的诚信度，同时了解候选人过去是否有不良记录。

背景调查对于企业科学用人有着重要的意义，通过背景调查，企业可以降低用工风险，减少招聘失误引发的法律诉讼，降低欺诈和公司内部违纪违规风险。

关于背景调查，长期以来存在一定争议，即背景调查的边界在哪里？软通动力人力资源部在进行背景调查的过程中，非常注重保护候选人的个人隐私和知情权，无论是通过内部人员查询，还是通过第三方机构查询，都必须遵循合规性、准确性、保密性、统一性（指对同级别同岗位候选人的背景调查结果采用相同的评判标准）等原则。具体来看，如开展背景调查前，获得候选人的明确同意；背景调查内容仅限于与职位相关的信息；严格遵守法律法规进行背景调查等。

一言以蔽之，人力资源管理最核心的工作就是选、用、育、留四大模块，是否在人才入口端选对了人，直接决定了后续三大模块的工作。与很多优秀企业的共识一样，软通动力认为，选人比育人更重要，优秀的员工不是培育出来的，而是选出来的。知名企业家雷军不止一次在公开场合表示，在创业初期，他将80%的时间用于招人，小米成立后的前100名员工都和他面对面沟通过。他会亲自面试，有时面试过程甚至会持续近10小时。乔布斯也非常重视人才招聘，在管理企业的时候，他会把四分之一的时间用于招募人才，因为他认为一名优秀的员工抵得上50名平庸的员工。

优秀人才是企业高质量发展的重要推动力，只有将人才优势转化为企业的创新优势、竞争优势、发展优势，企业才能在市场的洗礼中不断提升竞争力。软通动力所构建的识才观以及与之相应的人才评价工具、方法、流程，最核心的目标就是全面提升客观、辩证地评价人才的能力，将优秀人才引入企业，在软通动力提供的舞台上为数字中国建设献智献策。

2.5 配置：让人才与岗位双向奔赴

英国管理学家德尼摩曾提出一条非常知名的管理学定律：凡事都应有一个可安置的所在，一切都应在它该在的地方。也就是说，每个员工在组织都有一个最合适的位置，只有把员工安排到这个位置，才能激发员工的热情，最大化组织效能。

软通动力在进行人才配置的时候，最重要的目标就是通过人才调配达成人与岗位的合理配置，不断提升组织的整体效能。

软通动力的一名员工入职时本来是技术岗，加入软通动力大家庭3个多月后，发现自己并不适合这个领域，虽然有过转岗的打算，但是考虑到要是中途放弃自己从事的工作，之前付出的努力不仅会付诸东流，还可能给团队成员带来负担，因此一直在坚持着。

又过了半个月，这名员工本着对工作负责的想法，与几位领导深入沟通后，豁然开朗，明白与其在自己不适合的领域做所谓的坚持，不如转岗到自己所擅长的领域，这样既能充分释放自己的能量，也能为公司带来更大的价值。于是，休息几天后，这名员工正式以“新人”的身份投入新的岗位。

这名员工后来的发展证明，转岗是一个非常正确的决定。转岗几个月后，这名员工不仅个人业绩表现非常出色，还促进了团队成员的共同成长，而且还受邀到客户总部开展培训，获得了“荣誉讲师”的证书。由于渠道工作更匹配这名员工的能力和性格，她在全新的工作领域重新焕发了活力，自身价值也得到了充分体现。

企业对人才的任用一定要量体裁衣，既不能让满腹经纶、温文尔雅的文臣上场杀敌，也不能让骁勇善战、征战沙场的武将困于朝堂，只有将人才放到合适的位置，才能让人才为组织创造最大的价值。

软通动力非常注重人才配置，所谓人才配置，就是人与岗位的关系，通过人才调配达成人与岗位的合理配置，充分开发员工潜能，激发员工的工作热情，实现组织目标。在人才配置方面，软通动力始终坚持大才大用、小才小用、各尽其能、人尽其才的原则，从某种意义上看，人员合理配置也是人力资源管理状态是否良好的标志之一。

为了实现科学的人才配置，软通动力设立了3个标准（见图2-5）。

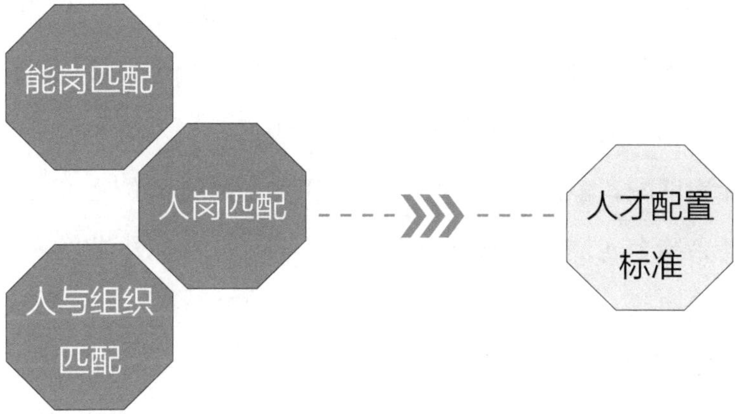

图2-5 软通动力科学人才配置的3个标准

1.能岗匹配

能岗匹配，即员工的技术技能、学历学位、工作经验、项目背景、专业资格等能力要素与岗位要求相匹配。

个人能力与岗位需要的能力相一致，既是企业进行人才配置的基础原则，也是人力资源管理追求的最高境界。如果个人能力比岗位需要的能力高，员工会感觉工作缺乏挑战，不能完全激发工作的积极性；如果个人能力比岗位需要的能力低，会导致工作不能保质保量交付，影响整个工作链条的效率。

2.人岗匹配

人岗匹配，即员工的年龄、性别、体质、性格、智力、品德等个体素质与岗位要求相匹配。

很多企业在招聘时都会对面试者进行性格、智力、品德测试，以便根据个体素质的不同安排不同类型的工作。单就性格而言，性格外向的人更适合销售类、市场类的工作，而性格内向的人更适合技术类、分析类的工作，因此即使能岗匹配，但是人岗不匹配，员工也很难在岗位上充分展现个人价值，甚至还会给个人情绪带来一定的负面影响，对个人职业发展和组织效能的提升都不无裨益。

3.人与组织匹配

人与组织匹配，即员工的能力要素、个体素质不仅要满足岗位的要求，还要适应组织的文化氛围，有利于组织良性发展。

企业文化是企业在长期发展过程中形成的独特的文化氛围，它通过为员工提供共同认同的价值理念，有助于提高员工的归属感和凝聚力，从而为组织目标的实现提供不竭的精神动力。如果员工不认同企业文化，则可能表现出与企业价值观不一致的行为和态度，不利于团队合作与沟通。与此同时，员工还可能在组织中表现出低稳定性、低敬业度和低忠诚度，影响工作连贯性，增加企业人力资本投资成本，因此，在人员配置时做到人与组织匹配非常重要，这也是软通动力在进行人才配置时极为关注的重要标准之一。

艾尔弗雷德·P. 斯隆在任职通用汽车首席执行官期间，对人事决策非常谨慎，甚至对一线经理的提拔都投入大量精力，他曾说：“如果我们不用4小时好好地安插一个职位，找最合适的人来担任，以后就得花几百小时的时间来收拾烂摊子。”

很多卓越企业都在人才配置上投入大量精力，因为只有科学地做好人才配置，才能尽可能地规避人才与岗位错位的风险。软通动力如此重视人才配置，是因为深刻体悟到，倘若把不合适的人安排到重要岗位上，可能会给价值创造带来一定的风险。然而，往往会出现这么一种情况，员工只有在一个岗位工作一段时间后，才发现并不适合这个岗位。为了充分让人才发挥价值，软通动力还打造了两大人才配置工具，分别是内部资源调配和内部招募，通过构建软通动力内部人才流动生态链，加速内部人才流动，提高内部资源供给能力，保障人才战略落地。

内部资源调配，即以资源调配系统为支撑，加速员工在软通动力内部流转。具体操作流程为：招聘人员及业务方通过标准而高效的系统流程甄选所需人才，进而将合适的人才匹配至合适的岗位。

内部招募，即以内部招募系统为支撑，可在系统中实时查看招聘岗位。具体操作流程为：员工可通过系统主动申请岗位，由招聘人员及业务方进行甄选，将匹配的人员配置到相应岗位。

通过这两大工具，员工在岗位的选择上拥有了更大的灵活性，其舞台不再局限于一个部门或一个项目组，而是软通动力这个能为各类人才提供广阔发展空间的平台。

毋庸置疑，企业要想实现既定使命和愿景，最重要的工作就是识人、选人、用人，只有合理“用兵点将”，做到量才而用、人尽其才，才能让组织不断向着既定目标前进。而这也将是软通动力在未来不断精进的工作，即在软通动力这个大家庭里，人才和岗位真正实现双向奔赴，让每一位员工都能在职场舞台上绽放出最好的自己。

第三章

发展引擎：筑牢人才培养之基

上午9点，天刚蒙蒙亮，一群来自全国各地的“雏英”们，满心欢喜地走进了软通动力的大门。公司为他们准备了热腾腾的早餐和一份丰富的入职大礼包，为他们的职场之路送上了一份温暖的启程礼。

接下来的两周，成了他们难以忘怀的经历。每天早上，当太阳刚刚升起，他们就开始了晨训。操场上，他们迈着整齐的步伐，身姿挺拔，成为一道亮丽的风景。在拉练中，他们互相帮助，一起渡过难关；体能拓展时，他们勇于挑战，士气高涨。

这样的场景，很容易让人误以为是在进行大学生军训。但其实，这是软通动力为“雏英”们特别设计的入职特训。在这里，软通动力通过一系列分层分级的培训，不仅锻炼了员工的身体，还让他们针对自己的岗位深入学习了专业知识和技能。

这次训练，也让他们变得更加坚韧不拔。面对未来的挑战，他们多了一份坚持和毅力。而这只是软通动力人才培养体系中的一小部分——“雏英计划”。

为了进一步提升员工的能力，软通动力还成立了软通教育。通过iCollege远程云教育平台，利用先进的数字技术帮助员工学习和成长，提高组织效率，实现人才的数字化转型，培养出企业真正需要的人才。

通过产教深度融合、加强人才生态建设等措施，软通动力不断加强人才的供给和培养，确保企业的人才需求得到满足。

3.1 路径：纵横上升的职业进化之路

企业发展离不开对人才的培养，企业发展战略也要逐渐从依靠企业家的个人能力转变为依靠以员工为核心的组织能力，而支撑这一转变的，就是要把企业成长建立在员工成长的基础之上，将组织能力建设与提升的需求转化为对岗位职责与员工胜任力的要求，让员工获得成长，提升工作能力，能够承担责任，不断为企业创造价值，从而推动企业同步成长。

在员工成长方面，企业一方面要为员工搭建清晰的职业发展与晋升路径，另一方面也要提供必要的培训、辅导与支持，帮助员工在职业路径上更快、更稳地发展。简而言之，就是要给员工“搭梯子”“建台阶”，为员工发展指明方向，激发其动机，促进其持续向上发展，同时也可以完成企业所需的能力建设，助推企业发展。最终，通过实现员工个人职业发展目标来激活组织潜能，实现价值创造力的提升。

松下电器创始人松下幸之助有一句名言："松下是做电器的，但首要的是育人，是将'造物先造人'作为企业经营的根本，而不是把员工看成衙门里的流水兵。"

"造物先造人"，就是松下幸之助提出的影响深远的经营哲学与用人理念。松下电器从一个街边小作坊发展成为世界级的跨国企业集团，并能够屹立百年而不倒，与松下幸之助重视人才培育的用人哲学是分不开的。不仅如此，松下幸之助还特别强调要从企业内部培养和提拔人才。

软通动力一直非常关注和关心公司员工的个人成长与职业发展，从员工进入公司的第一天起，培训与发展就是成为合格软通人、能够与软通动力一同发展的必修课。董事长刘天文也特别注重人才的发掘与培养，并指出："软通动力的业务主体是'软硬件'+'服务'，而创造并利用它们造福客户的是软通人。"

软通动力的内部岗位分为专业序列与管理序列两大类。公司为员工搭建了畅通的纵向"双通道"与横向"跨专业"相结合的多元化发展路径。

其中，纵向"双通道"发展路径主要为员工提供在本专业序列发展或在管理序列发展的路径与晋升机会。员工可以根据自身特点，选择在本专业序列内由低层级向高层级发展，或者到达专业通道骨干层级后，可转到管理序列，向更高层级的管理方向发展。

横向"跨专业"发展路径主要为员工提供"跨专业"序列的发展通道与晋升机会。员工可以随时审视自身的职业兴趣、发展需求与能力水平，选择更适合自己的其他专业序列发展。

这种多元化的职业发展路径允许员工在专业技术岗位与职能管理岗位间流动，当员工在本专业序列上获得一定的经验和成果后，可以选择在专业序列上深度发展，也可以选择走管理序列。这就拓宽了员工的发展通道，奠定了人才合理流动的基础，激发了员工的职业活力与发展潜能，为公司提供了可内部循环的人才供应链。公司在培养复合型人才的同时，也为员工提供了拓宽视野、实现个人价值的优质平台。

2013年，一位刚从部队退役的年轻人加入软通动力。由于大学所学的专业是通信工程，在加入软通动力的3年多时间里，他主要负责的都是与自己专业相关的GCF认证测试工作及其他技术工作。

2017年，软通动力开始致力于打造“双通道”职业发展体系，这位员工也有机会获得了更好的价值创造舞台，从通信网络项目转向负责窄带物联网项目。随着岗位的转变，他的工作内容也发生了变化，由之前单纯的负责技术工作转向负责越来越多的内外沟通协调工作。角色的变化，也让他的阅历和经验在实践中获得了充分沉淀和积累，眼界也随之变得更加开阔。

“我是不是也可以考虑做一名管理者，而不仅仅是技术工程师？”他的内心第一次有了这样的想法。

职业目标的改变，如同开启了他职业生涯的另一条道路，也让他更有勇气去直面那些之前想都不敢想的困难。尤其是2022年在上海出差的两个月，让他至今难忘，也让他实现了晋升管理序列的目标。

当时恰逢某个重点项目攻关阶段，在外部突发公共事件的影响下，必须有团队留守办公场地，他觉得这是一个锻炼自己的机会，于是主动提出申请。团队原计划留守时间为两周，但由于外部原因，导致留守时间长达两个多月。在这期间，他带领团队克服了很多工作和生活上的困难，如住宿条件和洗漱条件不佳、饮食供应困难等，最终他们也迎来了项目的完美交付。用他自己的话说，面对那些困难，他感觉自己内心的能量被激活了，他把这段经历当成了一次军事演习，就像以前在深山老林、大漠戈壁和战友们一起完成任务一样。

在这位员工看来，不管是入职软通动力的前3年，还是之后工作晋升的经历，似乎一切都在很自然地发生着。而事实上，他之所以能快速进入角色，在不同的岗位上都获得了出色的成绩，既得益于他个人潜力的爆发，更得益于软通动力为他提供的职业上升通道。正如他在部队能看到眼前的那面红旗一样，在软通动力，他始终能看到自己所追求的新高度，因此也有动力不断突破自我、创造价值。

软通动力的员工职业发展路径是建立在职位体系基础之上的。根据公司战略导向与核心业务流程，软通动力的职位体系分为数字技术族、研发技术族、数字运营族、市场营销族与职能支持族五大职位族（见图3-1）。同时根据岗位工作内容、岗位性质的相似性，以及所需技术、能力、素质等要求的不同，又进一步将职位族细分为软件开发、大数据、云计算、测试、咨询、产品、项目管理、质量管理、市场、销售、人力资源、财务等30多个职位类，120多个子类。

图3-1 软通动力的五大职位族

五大职位族均设置了专业与管理的“双通道”发展路径，员工可以根据岗位性质与个人能力来规划设计自己的发展层级。软通动力建立了专业序列任职资格体系，对员工在各个专业序列任职资格能力进行评定。

这种精细化、力求做到资源充分调配和人尽其才的多元化职业发展路径，为软通动力发掘和培养出了很多优秀人才，同时也大大提高了员工的职业满意度与忠诚度，为公司的可持续发展提供了有力的支持。这也很好地诠释了董事长刘天文的那句话：“人是软通动力发展的基石。只有确实做到‘以人为本’，才能不断延伸和攀升价值链，成就世界级的IT服务公司。”

为有效提升人才留用率，满足岗位需求，同时也为员工提供更广阔的发展空间，软通动力还为员工设置了各种激励措施，如奖金、股票激励、职业发展机会、内部晋升机制、认可与表彰、福利计划、团队建设活动和改善工作环境等。尤其在员工职位晋升方面，软通动力在向价值创造、关键能力建设与核心业务发展岗位倾斜时，会优先考虑成绩优异的人员，而不会进行任何形式的“普升”，并根据组织实际经营情况、业务发展需要、专业人才与干部梯队结构及数量控制晋升比例。简而言之，公司会优先考虑那些表现出色、能力强、业绩突出的员工，这不仅能极大地激发员工工作的积极性，还可以为公司吸引到更多的高素质人才。

当然，想要真正实现人尽其才、才尽其用，企业的内部晋升机制还需要公平、公正，让人才得到应有的认可。软通动力也深知这一点，因此在落实晋升机制时，既要考虑员工的在岗时间、绩效表现、能力达标情况等，还要考虑到员工的价值观导向、安全合规等问题。通过这些措施，不仅为员工提供了健康安全的工作环境，还确保了一个公平、公正、清晰且有效的人才晋升机制。只有这样，企业和员工才能共同成长和发展，并不断攀登至新的高峰。

3.2 体系：源于业务，终于业务应用

美国《财富》杂志曾指出，未来最成功的企业将是那些基于学习型组织的企业。在国内外优秀企业家眼中，员工培训也是企业最有价值的可增值投资。通过培训，不仅可以提升员工的个人素质和技能，还能提高员工的工作能动性、创造性与企业归属感，继而增加企业产出与组织凝聚力，使企业持续受益。

在日新月异的IT行业中，软通动力深知人才选拔与培养的重要性。经过多年的努力，软通动力已经建立了一套颇为完善的人才培养体系。这一体系不仅紧密围绕公司的战略发展方向和业务需求，同时还充分考虑了员工在公司的个人成长需求。

通过这套体系，软通动力分层分级地对员工进行循环赋能，努力打造鼓励人才发展的氛围，不断提升管理人员的领导能力与专业人员的技术创新能

力，促进员工能力持续提升，实现人力资本增值，持续满足公司人才梯队建设的需要，以推动公司业务发展。

简而言之，软通人才培训体系的建立源于业务需要，终于业务应用，由此形成一条完整的人才培养供应链。

在搭建人才培养体系的过程中，软通动力从业务实际需要出发，要求专业团队深入一线调研，了解一线员工在业务开展过程中遇到的实际困难和问题。在这期间，团队经常与一线员工进行沟通，了解一线员工业务的最新动态及遇到的问题，然后协助他们寻找这些问题的解决方法。这也使培训团队能够更加清楚地意识到，他们应该为员工培训的内容到底是什么，而不是想当然地一遍遍重复"过时的资料"。

公司的一位人力资源部经理，2013年以培训主管的身份进入软通动力工作，负责员工日常培训的相关事宜。在熟悉了自己的工作之后，他便开始承担起BG新员工导师制度的撰写工作。为了让新员工培训更有针对性，更加贴合实际业务需求，他开始走访公司的多个生产线和多个支撑部门，与不同生产线和支撑部门的一线员工进行沟通，认真听取生产线员工的诉求，了解他们在工作中遇到的问题，探究不同部门之间的差异。仅收集这些信息，他就花了两个多月的时间。

随后，他把收集到的素材逐一整理，汇总了一线员工反映的问题，并带入公司的培训体系中，看看哪些内容是此前培训中忽略的，哪些内容又是此前过度关注但实际并没有那么重要的；接着又重新整理培训流程，优化各项培训措施，前前后后一共修订了7个培训版本，最终通过BG评审。在后续的收尾工作中，他还设计并固化了各类文档模式，开发出了《如何成为新员工导师》的培养课程，使新员工培训体系更加贴合业务需要，为新员工的快速成长与发展提供了有力支持。

企业进行人才培训的目的不仅是帮助员工掌握知识和技能，更要帮助员工了解他们在岗位中可能面临的问题，以及培养员工掌握解决问题的能力。换句话说，培训是要帮助员工把“死知识”变成活学活用的能力，这才是企业所需要的培训，也是员工成长所需要的支持。否则，空谈理论根本无法有效解决学习效果转化的问题，也容易导致实际工作场景与人才培养场景脱节。这就好比只在训练场上教士兵使用各种武器，但这个训练场并不是真正的战场，士兵上了战场后，可能仍然不知道如何有效应用各种武器。

软通动力对以上问题非常清楚，因此在构建人才培训体系时，也会从业务的实际需要出发，深入调研，了解员工在业务中的具体需求和可能遇到的困难，再根据这些开展多样式的培训课程，从一线员工的实际应用操作到管理干部辅导下属，萃取工作案例经验，继而结合先进的理论知识来量身打造更加适合业务发展和应用的知识培训体系。

一位曾负责公司重点项目实施的总监，对公司这一培训体系所带来的效果感同身受。

他刚刚加入软通动力时，工作任务是国内项目开发。由于技术过硬，熟悉行业知识，他很快便晋升为系统分析师和项目经理。但是，真正的挑战才刚刚开始。

一次，软通动力与一家世界500强企业建立项目合作关系，并将该项目交由他来负责。面对这样的国际型大客户，语言沟通成为摆在他和团队成员面前的一道难题，再加上该500强企业的项目需求变化很快，技术应用也很新，他和团队成员面临的困难可想而知。

为了帮助他和团队成员尽快熟悉项目，公司聘请了语言大学教授对他们进行一对一的外语培训。通过这次强化培训，团队在第一个磨合期内如愿地通过了语言关。此外，考虑到团队在项目实施过程中可能遇到的问题，公司又通过聘请技术讲师、线上培训等方式，积极为团队成员赋能，提升团队解决具体问题的能力。

经过3个多月的磨合期，团队感到信心满满。在与客户沟通的过程中，他们以积极响应的态度和高质量的交付赢得了客户的认可。紧接着，他们又与国外的软通动力团队采用“双岸管理模式”（Dual-shore Model）扩大战果，成功接手该项目，使软通动力成为这一项目开发和测试、业务分析和支持的优秀供应商。而这位项目经理也在项目实施过程中得到了锻炼，成长为一名国际化人才。

培训体系源于业务需求，终于业务应用，这就构成了一个完整的培训工作闭环。业务应用也是对整个培训体系效果的评估与检验。能够有效应用于业务实施，并带来业务结果，就说明这样的培训体系是正确的、有效的。

针对不同员工的业务需求，软通动力还建立了不同类型的培训体系（见图3-2）。

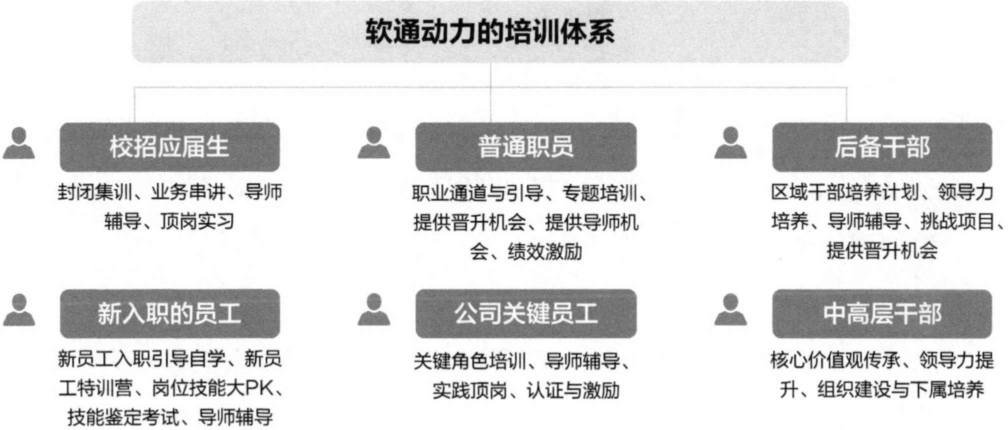

图3-2 软通动力的培训体系

对于缺乏工作经验的校招应届生，软通动力会采取封闭集训、业务串讲、导师辅导、顶岗实习的方式进行培训；对于新入职的员工，则采取新员工入职引导自学、新员工特训营、岗位技能大PK、技能鉴定考试、导师辅导等方式进行培训。

对于以上两类员工，培训的主要目标是增强他们对公司的融入感、认同感和归属感，帮助他们快速熟悉公司、了解公司业务。

对于公司的普通职员，一般采用职业通道与引导、专题培训、提供晋升机会、提供导师机会、绩效激励方式进行培训，激发员工潜力，点燃员工的工作热情和积极性；而对于公司关键员工，则采取关键角色培训、导师辅导、实践顶岗、认证与激励等方式进行培训，提升员工的工作能力。

对于以上两类员工，培训的主要目标是激发他们的专业创新力，促使他们能够快速适应公司的业务发展需要。

对于公司的后备干部，一般采取区域干部培养计划、领导力培养、导师辅导、挑战项目、提供晋升机会等方式进行培训，目的是提升他们的领导能力，促使他们尽快转身，迎接公司的业务挑战；而对于中高层干部，则采取核心价值观传承、领导力提升组织建设与下属培养等方式进行培训，目的是提升他们的战略决策能力与企业管理格局。

对于以上两类员工，培训的主要目标是提升他们的领导管理能力，帮助他们尽快成为企业优秀的管理者和领导者，实现企业的经营目标，带领企业健康发展。

优秀的培训体系需要有优秀的课程作为基础。软通动力基于企业业务发展需要，通过问卷调查、课程回访等方式向各个业务部门进行调研，第一时间获取业务部门的详细反馈，再通过多方分析与研究，设计和开发出了一系列的培训课程。

具体来说，软通动力主要通过以下3种形式设计内部培训课程。

第一，由软通教育进行案例收集，整理本公司内部的真实案例及外部的典型案例，再集中多方智慧对案例进行研发，最后将其打造成更加适合本公司业务需要的可复盘的课程。

第二，由内部兼职讲师根据自己的专业知识和培训经验，同时结合本公司业务发展中遇到的各种问题，开发出相应的培训课程。

第三，从公司外部引入经典的课程资源，强化组织课程建设，再根据软通动力自身的实际业务情况，对课程进行内化迭代。

软通动力通过不断改进培训体系的每一个环节，优化和更新开发课程，完善内部讲师团队，并在必要时引入外部优质的培训资源，来不断提升员工的综合技能与素质，满足企业人才梯队建设的要求。同时，还积极搭建与业务部门之间的供需合作关系，以服务好业务部门为主要任务，在课程开发上持续改进，从而不断满足业务部门的培训需求。

3.3 机制：定向定制打造培训项目

随着数字技术的快速发展和深入应用，人才发展呈现出越来越个性化的趋势，企业也逐渐从过去的“大锅饭”培养模式转向关注每个人个性化的成长发展需求，从“推”转向“引导”，为员工提供定向定制打造的培训方式。

作为世界500强企业的宝洁，一直将人才视为企业最宝贵的财富，连续、稳定地培养各个岗位的人才，在国际上被誉为“管理的大学”“商业经营的摇篮”。而宝洁公司所有总监以上的职位都是从内部提拔上来的。员工进入公司后，管理者会通过工作中直线经理一对一的个性化指导来帮助员工快速成长。而这种培养员工的方式，也让宝洁公司的员工对公司产生了更强的归属感，增强了员工队伍的稳定性和凝聚力。

宝洁集团的前任董事长之一理查德·杜普利曾经说过：“如果你把我们的资金、厂房及品牌留下，把我们的人带走，我们的公司就会垮掉；相反，如果你拿走我们的资金、厂房及品牌，而留下我们的人，10年内我们将重建一切。”

软通动力也越来越深谙人才个性化培养的重要性，针对公司员工的不同专业、不同层级，设置了不同的培训项目，帮助员工选择最适合他们的学习内容和学习方式。同时，软通动力还重点培养企业行业领军人物、中基层管理人才、职能专业人才和行业专业人才，以此带动企业人才队伍的整体素质与能力的提高。

对于新加入软通动力的校招应届生来说，一般需要经历适应期、实习期、成长期、奋斗期和挑战期5个阶段（见图3-3）。软通动力在对应届生进行培训时，往往重视帮助应届生制订清晰的职业发展规划，其核心目的在于增强应届生对企业的认同感和归属感，帮助应届生尽快转换角色，调整心态，适应从“校园人到企业人”的转变，增强应届生的适应能力，使他们可以快速成长为企业的骨干。

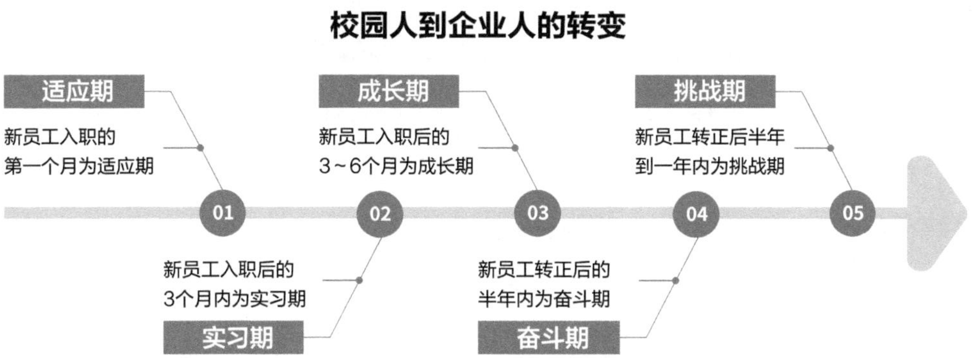

图3-3 软通动力对校招应届生进行培训的5个阶段

为此，在对应届生进行培训时，公司会根据不同的阶段为他们打造相应的培训项目，如“雏英计划”。

新员工入职的第一个月为适应期，公司会为这些新加入的员工举办欢迎会，负责为新员工培训的老员工还要与他们进行师徒结对，之后定期与其交流，对其进行辅导，沟通岗位发展问题，制订适合新员工成长的辅导或培养计划等。一个月后，导师会向公司反馈新员工的情况，公司还会为新员工举办“满月宴”，庆祝他们顺利度过了适应期。

新员工入职后的3个月内为实习期，在这期间，团队成员要一起学习，接受基础知识培训和阶段性考核，并进入与客户沟通入项定级阶段。之后，导师会再次向公司反馈新员工的情况，公司还会为新员工举办“百日宴”，欢迎他们融入软通动力大家庭，成为公司的一员。

新员工入职后的3～6个月为成长期，在这期间，公司会正式对这些员工进行职业规划引导，带领他们到岗位审视，引导他们了解和学习企业价值观。员工也需要尝试与客户进行直接沟通，接受挑战任务。之后，导师会再次向公司反馈员工的情况，公司为员工举办“起航”仪式，表示员工已经度过成长期，鼓励他们接下来要向着更高的目标奋勇前行。

新员工转正后的半年内为奋斗期，在此期间，公司会帮助这些员工认真了解自己的岗位情况和业务范围，主管也会定期与员工沟通，为员工分派挑战任务。完成情况好的员工，公司会为其指定高级导师进行培训，以更好地挖掘和提升员工能力。公司还会为员工举办“成人”仪式，表示员工已经可以独立完成自己的基本工作任务，开始向着更高的目标发起挑战。

新员工转正后半年到一年内为挑战期，此时针对优秀的员工，公司会与其沟通未来发展路径，并推荐其参加关键角色培训，鼓励其担任新员工导师，同时还会为他们安排相应的挑战任务，激励员工不断突破自我，成长为企业的骨干力量。

以上是公司为校招应届生所定向打造的培养规划。对于社招类员工，公司也有相应的培训计划和培训项目。具体来说，公司将社招类员工入职赋能分为3个阶段，分别为入职前自学引导、转正前新员工培训和转正后岗位技能培训。在不同的培训阶段，项目设计都以文化认同、工作激情与能力发展为核心，促使员工内心高度认同企业文化，树立统一的企业价值观和行为模式，培养良好的工作态度与职业素质。在不同阶段，通过文化宣贯与导入、能力评估与发展、工作认可与激励，打造能够与公司一起成长的年轻队伍。

与此同时，公司还会运用任职资格来驱动员工职业生涯规划。员工需要在现有任职资格的基础上，通过在工作中不断改进，发现自身不足，然后参加针对性的培训，最后再将所学应用到实际工作中，积累经验。这种培训与具体实践相结合的工作方式，可以促使员工向着更高一级的任职资格努力。

美国通用电气公司前首席执行官杰克·韦尔奇曾说：“企业85%以上的人才需要依靠内部培养。”软通动力的任何岗位开放时，也会首先从内部选拔相应的岗位人员，直至确定内部人员无法满足岗位需求时，才会正式向外部寻找人才。这一做法就给予了软通动力人才内部更好的职位机会，提高人才留存率，同时也有效激发了员工的工作动力和积极性。

一名毕业生从进入软通动力开始，到成为企业高管，一路上会经历不同的进阶培训计划和培训项目。在员工的不同职业阶段，软通动力会安排相应职级的培训导师进行指导，既有职级较高的员工作为导师，也有来自内部应聘的讲师，还有很多行业专家，学习内容也会随着员工职级的上升而不断升级。但无论身处哪个阶段，员工在完成培训之后都必须经历一场正式的答辩，答辩内容包括对当前业务问题的解决思路，个人对问题做出的思考与论证等，由几位带教导师现场做出即时点评，判定员工是否通过答辩、顺利毕业。这样的培训方式，相当于让员工在校内读了一个MBA。

同时，由于处于同一个人才培养体系中，员工在接受培训期间，还能在内部进行互相沟通和协调，这也有助于员工之间互相学习、互相激励，提升为企业创造价值的效率。

当员工进入一家企业，其初心都是希望不断充实与完善自我，找到自己更好的状态。工作对于他们而言，不只是一份换取薪资的职业，更应该是给予他们充分实现自我价值的平台。当企业重视人才培养，并为之设立完善的培训体系，打造有针对性的培训项目时，员工就会感到初心得到了尊重，价值获得了认可，由此也会产生强烈的奋斗驱动力。这样的驱动力不断汇聚，企业内部就会洋溢着高昂的士气，这也是人才培养系统与机制带给软通动力最深远的影响。

3.4 开创：iCollege打开员工二次成长空间

2017年，软通动力集团旗下教育品牌——软通教育成立。依托软通动力的产业优势，软通教育致力于推动教育与产业融合，打造数字产业一站式培养和供给平台。经过多年发展，如今的软通教育已经从最初培训研发或运营专项工程师的平台，逐渐升级成为数字化人才的全方位培养基地。

2020年，软通教育利用先进的数字技术，推出了iCollege远程云教育平台（见图3-4）。该平台基于软通动力多年产业积累，输出企业级核心实战课程，作为专业的线上培训、测评数字平台，支持全流程线上教学、学信管理，提供匹配岗位的端到端人才服务。

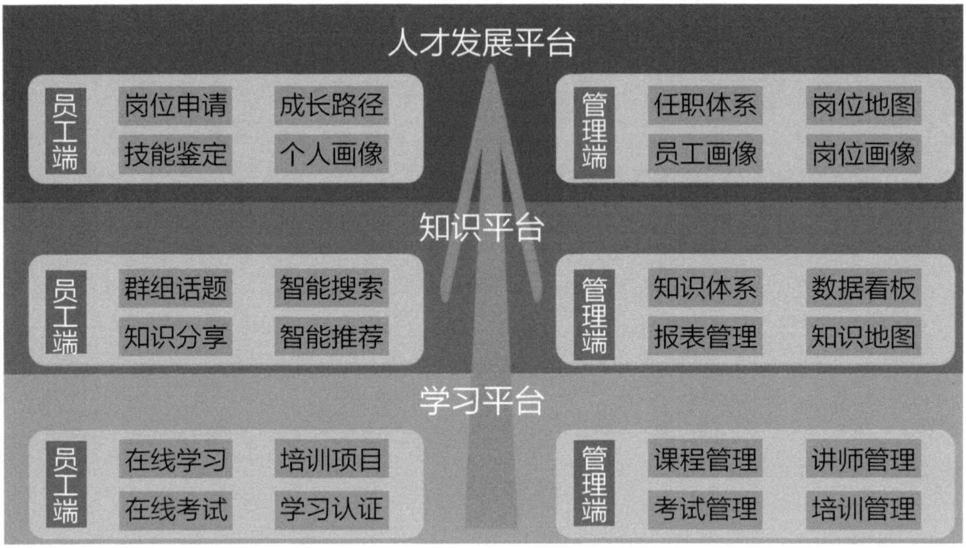

图3-4 软通动力iCollege远程云教育平台业务框架

该平台不仅包括视频、PPT、课件等丰富的教学资源，以及在线问答、在线作业、在线考试、在线编程等在线学习功能，还包含学生学分管理、学习行为监督、人力能力画像等专业性的教学管理及人力资源管理功能，可以全面助力专业教学，培养企业刚需人才。

软通动力内部也会通过iCollege远程云教育平台对员工进行业务培训与培养。培训主管根据不同团队的具体需求，将部分录制课程资料上传到平台，授权开放学习路径，供大家自由查看和学习。平台还会对每个月的培训内容进行实时总结和效果跟踪，以持续优化培训体系。

不仅如此，iCollege还拥有线下教育服务，员工可以在该学习平台上申请教师开展线下授课，从而更加深入地学习。这些在平台上申请的教师很多来源于一线工作者，也有相关行业、企业的员工，他们通过分享自己的实战经验，确保解决员工实际工作中遇到的各类问题。

借助线上和线下同步进行的培训措施，软通动力将培训项目贯穿于员工职业发展的整个过程。尤其是iCollege远程云教育平台，更是成为从员工学习、知识管理到人才发展的“三阶段”平台，促进了员工与企业的价值共生。

2020年，软通能力发展计划项目组织了两次“松土行动”，以软通教育iCollege线上课程培训的方式，就软通能力发展计划整体和5个专项组的知识内容，向公司全体总监以上及能力发展计划全体项目组成员开展培训。

这两次的培训课程体系完整，知识全面，引导接受培训的员工深入思考，拓宽视野，探索出更多方法和优秀实践，为日常工作增加了知识储备。通过这样的培训，不同层级的学员对自己在工作中要掌握的知识和要提升的技能有了更加深入的了解，也更加理解公司的整体管理思路。

培训结束后，不论是管理层学员还是项目组学员，都纷纷分享了自己的心得和感受。

有的学员指出：“能力发展计划不仅是公司高层的事，也是各级主管的事。通过能力发展计划，软通动力可以实现成为业界领导者的目标。所有改进都是能力提升的一部分，能力发展要最终转化为面向客户的价值，实现能力变现，要落到组织流程和系统中，确保有效……我们每一位软通动力的管理者都需要认真学习，把公司的战略目标和方法融入日常工作，从更宏观的视角规划和开展工作，只有这样，才能上下一致，推动软通动力及个人价值的不断提升。”

有的学员表示：“通过参加培训，我在质量管理方面的知识得到了扩展与提升，这不仅让我能够更加规范地完成日常管理工作，而且也加深了我对公司能力发展计划的理解。现在我对公司在能力发展方面的目标与努力有了更全面的认识……正如材料中讲的‘粗放型根本无法生存，未来会越来越讲效益、讲质量，我们必须提升能力’。在当前行业竞争日益激烈的情况下，项目的交付质量已经成为企业后续竞争的核心竞争力，我也深刻地感受到了提高产品质量的重要性。”

还有的学员对这种培训表达了自己的感激和敬佩之情：“人生就像挤地铁，位置已经够了，但还是需要努力地挤，因为你不挤就会有别人来挤。只有你一开始就在努力上车，后面的人想上车才会推你。如果你连挤都不挤，后面的人想帮你都帮不了。以前我总觉得，‘能力发展计划’是对软通动力的一种增值；对员工的培训，让员工能力得到提升，也只是为了让软通动力成为更好的服务商。但经过深入学习后，我才发现，培训从来不是什么‘武功秘籍’，而是员工的‘生存指南’。在大环境不够乐观的情况下，我一个朋友所在公司的业务迟迟无法开展，我的内心也很惶恐。但是，软通动力的业务一直在正常开展，对员工的培训也在如期进行，这让我对公司充满了感激和敬佩之情。意外和机会永远不知道什么时候到来，我们唯有不断修炼‘内功’，才能跟上这个多变的时代。”

类似上述的分享和反馈还有很多，这表明，通过iCollege远程云教育平台对员工进行培训，不但拓宽了员工的视野，让员工增长了能力和见识，还为员工以后的工作增加了不少动能。对于公司的每一位员工来说，这种开创性的培训方式无疑为他们开辟了新的成长空间，使他们得以在职业生涯中实现第二次飞跃。

为了在全公司营造学习氛围，帮助员工实现自我提升，软通动力还推行了内部讲师制度。只要员工觉得自己有知识、有经验、有想法，并愿意把这些分享给更多的同事、伙伴，就可以自荐成为讲师。自荐为讲师的员工还可以获得一笔培训费用和一定的积分，积分可作为未来晋升的加持。这也有效提高了员工自主应聘内部讲师的积极性，促进员工不断学习、持续成长，并帮助公司培养出更多优秀的人才，为公司创造更多的价值。

在充满不确定性的竞争环境下，人才已然成为企业创新的第一资源。如何激活"第一资源"，加强对内人才盘活使用和对外生态构建，为企业发展赋能，将成为软通动力迎接未来挑战的关键。

软通动力所打造的iCollege远程云教育平台，以员工为中心，以成果为导向，以专业认证为抓手，正是在为企业创新提供"第一资源"。为了不断提升培训效果，平台也在持续改进教学质量，致力于将其打造成为员工学习及能力发展的平台、组织效率提升的驱动器、数字化转型人才的沃土。这同时也表明，软通动力早已不将员工培训视为一种成本，而是将其视为一种投资、激励和福利。公司开展员工培训，既能提升员工个人的学习和工作能力，还能凝聚人心，鼓舞士气，促使员工在团队中始终保持着高涨的热情和积极的动力，提升组织效率，从而利于公司打造数字化的人才队伍，帮助公司更好地适应数字时代的要求，以更大的竞争优势迎接未来的挑战。

3.5 共振：校企深度融合“双元”育人

企业的发展离不开人才的支持。软通动力自成立以来，一直非常重视人才的引进与培养。软通动力的愿景是成为具有全球影响力的数字技术服务领导企业，人才是最重要的保障。为此，软通动力除直接从社会招聘人才进行培训与培养之外，还不断探索产教融合、校企合作的创新模式，希望在数字化人才培养上与更多院校携手，实现校企共建、共享、共赢，为企业吸纳到更多优秀的人才。

在探索产教融合、校企合作模式培养人才的过程中，软通动力一方面将公司的一部分产业项目进行拆分，选取项目的部分环节交由高校学生来完成。这样不仅可以为公司实现降本增效，还能让高校学生通过实践体验深入了解软通动力，从而加深对企业的认知。日后在选择实习单位时，学生选择软通动力的概率也会提高。

另一方面，软通动力还会在学校设立定制班，编制专门的培训课件，并选取一部分优秀的学生负责授课。这部分学生毕业后，可以优先进入软通动力学习和工作。

在产教融合的浪潮中，软通动力通过这种校企深度融合的“双元”育人模式，确保让学生在校期间便具备“四通八达”的真实能力。软通动力通过真实的开发环境、真实的需求、真实的企业项目、真实的数据等，帮助在校学生掌握最新的技术，达到企业人才要求的水平，成为真正的应用型开发人才。

软通动力注重教育平台化的打造（见图3-5）。软通教育融合了先进的开发理念，根据不同的实训教学场景，自主设计了先进的实训体系。该体系与工程认证紧密结合，按照工程教育专业认证的通用标准，在实训过程中引入企业先进的工作理念与流程，不断提高学生的综合素养和解决实际问题的能力。

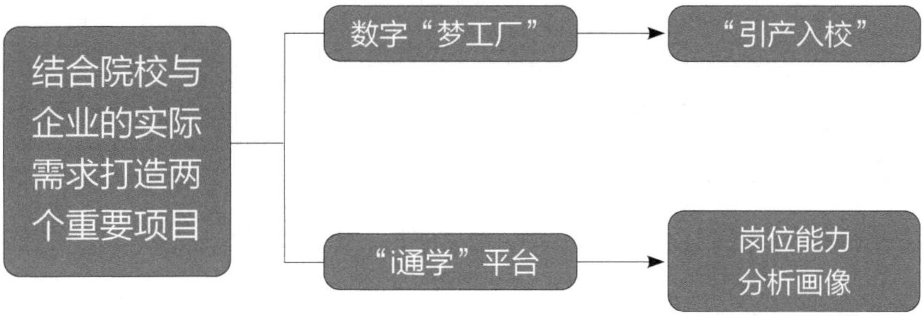

图3-5 软通教育平台化打造

作为连通高校与企业的桥梁，软通教育还结合院校与企业的实际需求打造了两个重要项目。

第一个项目为数字“梦工厂”。通过“梦工厂”，软通动力将真正的产业级项目资源以“引产入校”的模式导入各院校，满足学校的课题与科研需求。同时，软通动力也会按照公司的岗位要求，通过带领院校学生完成项目的实战方式，解决人才从高校到企业的职业瓶颈，缩短学生进入企业后的培训期，从而精准解决高校与企业间的供需问题。

第二个项目为“i通学”平台。软通教育将招聘服务、企业培训、岗位就业实习等服务能力承载到平台上，打造了数字化平台“i通学”。该平台通过岗位能力分析画像推动课程的模块化研发，建立专业课程地图和学习路径，形成以需求推动内容能力建设、以岗位带动培训和供给的模式，精准触达教育+供给链上的每个环节。

基于以上多元化的合作需求与项目，软通教育与高校联合开展了人才培养的创新模式，坚持以学生为中心的理念，学校和企业双主体共建、共管、共育，以软通及行业的用人需求为源头，建立岗位、技能、课程三大体系，在理论教学、实验授课、项目实训、产业实践这4个大学生在校期间的关键阶段与高校开展“轻服务、资源建设、实验室、专业建设、产业学院”等合作，培养适应产业需求的高质量人才，打通从高校到企业用人的“最后一公里”。

2018年，软通教育与教育部某直属高校（某邮电大学）的软件学院、计算机科学与技术学院进行了深度合作，承接了2018—2020年软件学院的软件开发综合实训和2020年计算机科学与技术学院的毕业生实习。学生实训方向为Java、网络安全、嵌入式系统开发等，培训学生人数累计达到几百余人。通过实习实训，软通教育不仅培养出了企业所需要的较高层次的软件工程技术和管理人才，他们可以从事软件系统分析、设计、编程、测试、质量监控等工作，同时也增强了学生的项目团队协作能力和团队责任感，使学生在入职前提前进入角色转换状态，体验到了企业的工作氛围，掌握了企业开发的最新技术，从而能够顺利地从学生身份转变为职业人。

为了发掘和遴选出更优秀的后备人才，软通教育还联合该高校软件学院合作举办软通动力杯“软件盛典”校园编程开发大赛。大赛内容涵盖休闲娱乐、聊天与社交、招聘办公、数据挖掘、机器学习等，覆盖面广，最大限度地鼓励学生将所学知识和兴趣应用到现实场景当中。比赛不仅帮助学生提高了团队合作和自主学习能力，还为学生提供了一个发掘自身潜能的平台，实现了在人才培养成果方面“以赛促学”的积极作用，同时也为软通动力发掘和遴选出了很多优秀的备用人才。

除直接与各院校积极构建人才培养交付体系外，软通动力还积极与各院校合作，共同建立产业学院。产业学院融合了软通动力及地方用人单位，通过专业、平台、基地、人才、管理等多种资源及要素的融合，打造以行业专门人才培养、社会服务等为共同目标指向的，全程融入行业、企业元素的二级学院，包括面向国家人工智能发展趋势的人工智能学院、满足软件人才特色化需求的特色软件学院等，为企业与高校搭建了更好的产教融合平台。

产业学院采用“校园+产业园”模式，软通动力负责把关人才培养方案，引入行业前沿技术内容，深化产业链、创新链、教育链有效叠加的机制，同时向学院持续投入产业师资、教研、运营团队，在课程改革、教学科研、实习就业、社会服务等方面不断推进深化，从而培养出适应产业发展需求的高质量实用型人才，实现校企优势互补、资源共享和互利共赢的目标。

软通教育还积极响应教育部号召，从2017年开始参与教育部产学合作协同育人项目，迄今为止已连续参与多个批次，在“新工科建设”“教学内容和课程体系改革”“师资培训”“实践条件和实践基地建设”等方向累计立项百余项，与多个高校建立了紧密的校企合作关系。

校企融合，“双元育人”，是企业吸纳优秀人才的重要方向之一。软通动力不断推进的校企合作与产教融合模式，已成为人才供给与人才成长的高效方式之一。未来，软通动力将依托深厚的技术积累与最新、最前沿的教育教学资源，不断满足ICT企业人才需求，助力数字产业的发展升级。

第四章 干部队伍：企业第一战略性资源

在遥远的亚马孙河流域，生活着一群特别的鱼——鲦鱼。它们因为体型小，常常聚在一起，而且总是跟着一条强壮的头鱼游动。

德国著名动物学家霍斯特在实验中发现了一个有趣的现象：将头鱼脑子里控制行为的部分去掉，这条鱼开始毫无目的地四处游荡。令人惊讶的是，尽管头鱼已经失去了引导方向的能力，其余的鲦鱼却依然盲目地跟着它乱游。这种现象被后世称为“鲦鱼效应”，也称为“头鱼理论”。

不管是自然界还是人类社会，这种“鲦鱼效应”都是存在的。盲目追随而不考虑领导者的实际能力，可能导致整个群体的迷失。

试想，如果一个企业的干部就像那条没了方向感的头鱼，那么整个团队岂不是也会陷入盲目跟从、忙于无意义的工作之中，进而导致公司发展受阻，逐渐走向下坡路。所以企业必须严把干部选拔关，绝不允许团队跟随一个没有能力的干部走向歧途。

这就需要企业建立一套完善的纪律和退出机制，能者上，庸者下，不能让能力不足、没有智慧的人当干部。

因此，对于干部的培养与管理，我们一是要注重能力的培养与提升，确保他们具备引领团队前进的实力与智慧；二是要通过牵引与鼓励，激发他们的内在动力，让他们愿意并能够为企业的长远发展贡献自己的力量；三是要构建合理的阶梯晋升机制，为优秀的干部提供广阔的发展空间，让他们在企业的发展中找到自己的位置，实现个人价值与企业价值的双赢。

4.1 聚势：锻造新一代领导型人才

企业的发展与团队领导者的能力息息相关，团队领导者要具备敏锐的市场洞察力和领导才能，以瞄准市场机会，并带领团队实现突破。如果团队领导者无法有效支撑企业战略的落地实施，那么这一战略将面临失败的风险。

在企业中，团队领导者就是各层干部，这也意味着，干部的能力和水平是企业战略目标达成的关键因素。

干部最重要的责任和使命，是要有清晰的工作方向，善于在纷繁复杂的事务中抓住主要矛盾，合理把控实现目标的节奏。同时，干部还需具备战略意识和全局观，善于站在全局利益高度厘清问题、把握方向，也就是以企业文化和价值观为核心，解决往哪儿走、到哪儿去、去做什么的问题。除此之外，干部还要善于洞察市场变化和市场机会，抓住经营这个“牛鼻子”，带领团队和鼓励团队努力攻坚，实现企业的战略目标。

优秀的干部队伍，是企业从优秀走向卓越的动力源泉，因此对干部的管理也是企业管理的一项重要工作。干部队伍管理的难点在于：他们本身就是企业的管理者，拥有一定的话语权和决策权。企业应该从经营层面思考，将干部队伍作为一个特殊群体进行深入研究，建立一套适用于干部的激励和约束机制，使干部能够接受管理、配合管理。这是需要企业认真对待和解决的关键问题。

软通动力在发展过程中，一直将人才培养作为重点，除积极为员工搭建快速成长的桥梁，让员工获得良好的归属感外，还积极建设干部管理体系，搭建干部人才梯队建设平台，以期打造一支忠诚、廉洁、勇猛、开放、当责、作风优良的干部队伍，形成充满活力、高效执行的组织氛围。

在软通动力内部，干部管理体系由五大机制支撑构成，分别为关联干部供给的选拔机制、激发干部活力的内生机制、公开透明的评价机制、优化干部队伍的退出机制和防控用人风险的监督机制。通过这五大机制的系统化运作，固化管理规则，激发干部队伍的活力，为公司打造领导型的人才队伍。

宰相必起于州部，猛将必发于卒伍。软通动力在选拔干部时遵循这样一个理念：干部是靠自己干出来的。为了找出真正能够成为“将军”的人，软通动力严格根据经营管理结果、业绩和关键事件等，从核心人才库中选拔出优秀的干部人才。同时，公司也积极鼓励干部从那些成熟度高、干部配比高的业务部门，向业务发展前景大、干部配比低的业务部门流动；鼓励职能部门的干部向业务部门流动。

想要随时都能选拔出优秀干部，干部队伍的日常储备就变得非常重要。

软通动力通过人才盘点、述职答辩等方式，积极从内部甄选干部进入核心人才库。被甄选入库的干部不但要认同公司的文化和核心价值观，还要品格优秀、诚信正直，对公司的发展具有突出贡献。核心人才库每年会根据对干部的审视情况，结合公司发展新需求、新目标进行动态更新。审视的主要内容包括干部在绩效实现、管理质量、敬业度、角色担当、梯队建设、合规守纪等方面的具体表现，详细了解干部的年度履职情况、干部队伍整体情况、人岗匹配情况等。

面向不同管理层级的干部，软通动力均有对应的定制化培养项目，旨在从内部通过培养、发展、任用、保留和激励等方面激活干部队伍。从整体上来说，这一培养项目可分为“基、中、高”3个层次（见图4-1）。

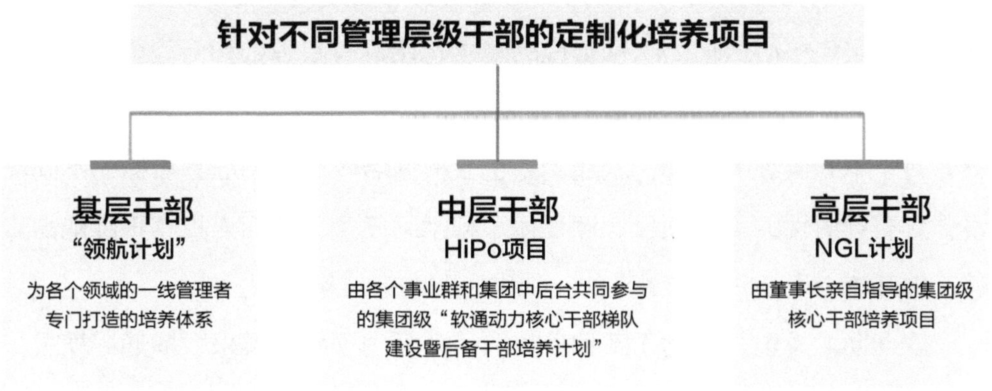

图4-1 软通动力针对不同管理层级干部的定制化培养项目

基层干部培养项目为“领航计划”，是为各个领域的一线管理者专门打造的培养体系，目的是帮助领航者带好团队，在需要时能够迅速调动资源，提升综合作战能力。它主要以软通动力的各个事业群与集团中后台为单位，自行立项，致力于培养基层专业人员、骨干员工和基层管理者。通过对一线基层管理者“护航之旅”体系化赋能，帮助领航者建立管理的基本逻辑与思维，掌握有效的管理方法，有序推动团队工作，带领团队高效地达成目标。

中层干部培养项目为HiPo（High Potential）项目，是由各个事业群和集团中后台共同参与的集团级“软通动力核心干部梯队建设暨后备干部培养计划”，致力于为公司培养年轻的管理干部。

高层干部培养项目为新一代领导力建设暨核心干部培养计划（Next Generation LeaderShip，简称“NGL计划”），是由董事长亲自指导的集团级核心干部培养项目，着眼于为软通动力持续成长发展打造优秀的核心干部梯队，聚焦核心管理团队预备役的建立，让具有新思维和新理念的干部快速成长起来，成为公司的领导者和经营者。

对于不同层级的干部，软通动力也会根据培养对象和培养目标的不同而设计具有针对性的培养项目、课程体系和学习任务，从而为提高干部能力素养、提升核心干部队伍的战斗力，提供必要的支撑和保障。

软通动力尊重并鼓励干部积极进取，公司内干部发展采取多通道模式，即干部在公司的发展路径既会根据业务和岗位需要调整，也会结合自己的特点、优势、贡献等，沿着既有的成长路径向业务管理或职能管理方向晋升发展，还可以横向扩展，在职能与业务领域之间转换，通过“之”字形发展路径获得持续成长。这种多通道的发展模式既关注干部自我提升的需求，又通过客观的准入与评估方式帮助干部找到适合自己的职业发展路径，可谓一举两得。

企业想要持续发展，确保战略目标的达成，需要大量有能力的优秀干部，承上启下，构建能征善战、可持续发展的人才队伍。而通过干部梯队建设，软通动力也持续地培养出了既具备出色能力又认同企业核心价值观的干部队伍。在干部梯队中，无论是高层、中层还是基层，各级干部本质上都肩负着为公司培养优秀管理者和领导者的任务，用优秀的人培养更优秀的人，这也是软通动力能够持续高速发展的重要推动力。没有前人为后人铺路，就不会有人才“倍”出；只有真正做到人才“倍”出，继往开来，才能为软通动力的高质量发展聚势赋能。

4.2 登高：HiPo项目夯实中坚力量

HiPo项目是软通动力开设的软通动力核心干部梯队建设暨后备干部培养计划，由软通动力董事长刘天文主导发起，旨在培养认同软通企业文化的高素质核心领导干部。

对于HiPo项目，刘天文在发起时就抱有这样的初心："我们要以HiPo项目为平台，把更多的资源放在HiPo学员身上，给他们更多的责任和机会。希望能够和真正认同公司使命、战略目标和核心价值观的干部们共同开创软通动力的未来。"HiPo项目为优秀的干部们提供了系统的学习与成长机会，使学员能够借助这个平台对软通动力的战略、文化等产生更深入的了解，同时还能够通过多种方式与渠道，帮助干部发挥能力，为公司创造价值。

从本质上来说，HiPo项目就像是软通动力的"黄埔军校"一样，是软通动力核心管理人才的培养基地。入选HiPo项目的学员都是公司的中层管理者和核心骨干人员，代表着软通动力的希望，也是未来软通动力越来越成功的保障。HiPo项目的目标就是要为软通动力选拔出一批优秀且具备高潜力的后备干部，通过重点培养和发展，使其成为公司各层级的领导者，从而为公司构建一个具有高度文化认同、高领导力与执行力、锐意进取的干部梯队。

作为一个不断为软通动力培养认同软通动力价值观、高素质、富有使命感、勇于承担、敢于承诺、能打硬仗胜仗的年轻干部队伍平台，HiPo项目从创立伊始，就展现出了高起点、高要求、严进严出的特质。

HiPo项目在甄选学员时，一向秉持公平、公正、公开的原则，从品德纪律、绩效成绩、管理质量、干部敬业度4个维度对候选人进行综合考评，经过资格审查—初选—复审的甄选流程，选拔出认同公司使命与核心价值观、有主人翁精神、对公司忠诚、敢担当能担当、能够在困难面前勇于做决策的学员进行培养，且历年绩效优秀者、干部管理质量评估优秀者会获得优先选拔的机会。这些经过严格选拔出来的学员，通过一整套成体系的学习与磨砺后，在企业认同、个人能力、团队协作与管理能力等方面，都会获得质的提升。

以首季HiPo项目培训为例，软通动力为了让学员更好地了解公司业务与行业状况，特聘请了清华大学、北京大学的知名教授刘晓宇来为学员做培训。刘教授毕业于清华大学，是英国Ashridge商学院的访问学者，从事企业研究、管理教学、科研咨询工作10余年，曾经主持和参加过多项国家级、省部级研究课题，具有丰富的实战经验。

在这次课上，该教授就企业的“商业模式与创新”和HiPo学员们进行了为期两天的分享和深入探讨。他透过国内外众多产业的演变历程，以独特的视角解剖了企业兴衰的深层次原因，凝聚了科学的理论研究成果，把非常高大上的课题通过深入浅出地讲解，以一种非常接地气的方式呈现在课堂之中。课堂上只有一张桌子、一把椅子、一支话筒、一个白板，不需要任何道具，不设置任何活跃气氛的互动环节，只凭借教授严谨的知识结构、丰富的案例、缜密的逻辑、独到的见解和偶见的幽默，就征服了课堂中的所有HiPo学员。

不仅如此，此次课程内容还与软通动力的企业文化高度统一，完整地涵盖了品质、创新、学习、开放、价值创造5项内容（见图4-2）。

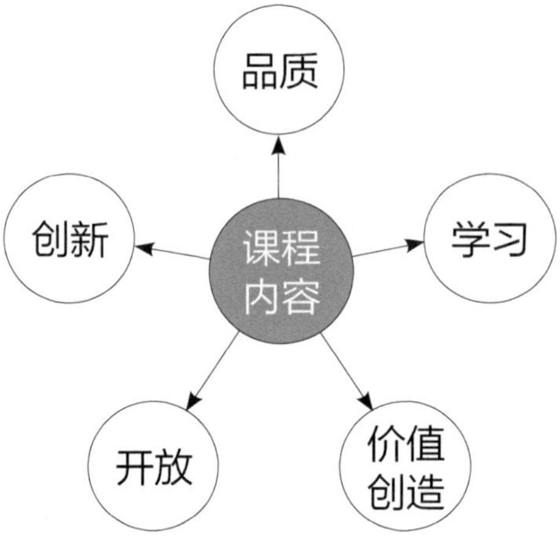

图4-2　软通动力HiPo项目课程

整整两天，60多位学员都沉浸在教授“百家讲坛”般的课程中，大家纷纷表示：虽然培训课程只有两天，但课程信息量非常大，教授帮助大家刷新了思维高度，让大家“脑洞大开”，站在历史的角度来审视商业模式与创新。同时，教授还针对正在谋求突破的中国企业以及企业的高层管理者，提出了很多具有针对性和前瞻性的建议，为HiPo学员创新思维习惯的形成提供了理论依据与实践基础，也让学员在提高业务能力的同时，培养了宏观思维与大局意识，学会了从更高角度看问题。

为了让HiPo学员学会在工作中应对各种突发事件，课程还设置了各种挑战型项目，作为HiPo学员的“毕业论文”。这些挑战项目以解决软通动力当前实际存在的问题为目标，学员可以自选课题，自愿组建项目组。所选课题要具有挑战性、创新性与实践性，学员通过实际的项目运作来验证解决方案的有效性，并向评委展示项目成果及进行答辩。

评委团队通常由软通动力的高层领导组成，他们对每一个挑战型项目进行深入的提问和精彩的点评。同时，评委们还结合软通动力的实际情况，从更高层次指导HiPo学员进一步开拓思路，提升思维高度，建立全局观念，让学员们深刻体会到作为软通动力倾心培养的年轻干部，肩负的责任和义务。优秀的项目成果还会被纳入软通动力的变革与日常持续改进工作中，让HiPo学员的智慧为软通动力的成长与发展做出实质性的贡献。

这些挑战型项目的设置与实施，使HiPo学员得以将自己在课程中所学的理论知识转化为实际应用，所有从HiPo项目中收获的经验也在实际工作中得到了体现。并且通过这类项目，HiPo学员还结识了来自不同区域、不同职能、不同领域的软通动力精英，获得了更多互相合作、交流与学习的机会。

每次培训结束后，HiPo学员都会带着满满的“干货”与“灵感”回到自己的工作岗位，重新思考在当前快速多变的商业环境下，如何发挥软通动力的优势，落地软通动力的战略转型。

伴随着数字化商业模式的涌现和发展，数字化转型已然成为我国企业面临的重要课题。作为国内数字技术产品和服务创新的领导企业，软通动力更需要在战略上紧跟企业数字化转型的趋势。在这种情势下，企业对中层管理者也提出了更高要求，导致部分中层管理者逐渐产生了下沉趋势。

为了对中层管理者进行更好地赋能，使之能够站在更高层面看待问题、解决问题，软通动力又对HiPo项目进行了升级，新的HiPo＋项目不但更符合当前软通动力的发展战略和发展趋势，还可以有效地承接公司的NGL计划。

迄今为止，HiPo项目已经举办了多次培训，每一次的培训主题都不一样，学员们可以结合自身所处岗位与成长需求，选择接受不同类型的课程培训、研讨主题与实践操练。对于每一位HiPo学员来说，这既是挑战，也是机会。软通动力通过HiPo项目培养，为学员们提供了迅速成长的平台，使他们成长为保障公司高速发展的中坚力量。

对于软通动力而言，“人才”“创新”“合作”是必不可少的，人才培养更是被视作企业发展的重中之重。董事长刘天文在每一季的HiPo项目培训中，都会重申人才的重要性，也会为员工搭建最好的人才发展平台。而作为软通动力“黄埔军校”的HiPo项目进展顺利，已经有几百位软通动力高潜人才纳入HiPo体系培养，年轻干部比例也在逐年增加，企业中坚力量不断夯实，这都是软通动力战略指挥棒发挥作用的结果。

4.3 逐远：NGL计划激发组织能量

企业想要培养高层管理者，需要不断加强后备干部的培养和锻炼，让他们通过工作实践不断提升自己的能力和素质。在这个过程中，重点要考察后备干部的责任心、使命感、敬业精神和献身精神，以及学习创新能力、业务规划能力、市场洞察力等，同时还要关注他们的业务能力和绩效贡献。只有这样，才能确保后备干部具备成为高层管理者的潜力和素质。

干部向上发展，需要在思想上实现质的飞跃，想要成为领军人物，就必须进一步拓宽视野、提升思维。为了将经历过实战训练的干部塑造成为具有战略眼光和思想深度的领导者，帮助中高级干部实现从“术”上的精进跨越到“道”上的领路，一些标杆企业会制订专门的培训项目计划，向学员传递公司的核心价值观，组织学员研讨公司的核心战略，帮助学员理解干部管理的理念、工具等。同时企业高层领导会亲自授课和考察，识别那些具备潜力进入企业关键岗位的优秀干部苗子，激发组织活力和创造力。

美国现代管理学之父彼得·德鲁克以及美国通用电气公司前首席执行官杰克·韦尔奇曾被问过同一个问题："在培养领导者方面，谁做得最好？"

他们的答案既不是哈佛商学院，也不是美国通用电气公司，而是美国的西点军校。

西点军校确实是人才辈出。"二战"后，在世界500强企业中，西点军校培养出来的董事长有1000多名，副董事长有2000多名，总经理、CEO级别的领导有5000多名。西点军校的座右铭就是"责任，荣誉，国家（Duty，Honor，Country）"，其中"责任（Duty）"是最重要的。

企业的发展需要有更多富有能力、富有创造性和富有激情的人就职在不同的岗位上，发挥自己的责任心和创造力，一起带领企业前行，这样的企业才能走得更远、更好。

软通动力发展至今，在近20年的风雨兼程、砥砺奋斗中，一批又一批优秀的干部始终与公司并肩作战，共同攻坚克难，屡创佳绩，参与并见证了公司的发展壮大。

在成为具有全球影响力的数字技术服务领导企业，以及成为企业数字化转型可信赖合作伙伴的愿景牵引下，软通动力已经踏上了新的起点。为了让公司"保增长促发展，降成本提效益"，软通动力也需要培养一批具有新思维和新理念的干部，参与公司的发展变革。

在这一现实需求下，2022年，软通动力启动了NGL计划，着眼于为公司长远发展打造优秀干部梯队，聚焦核心管理团队预备役的建立，让具有新思维和新理念的干部成长起来，成为公司的管理者和经营者（见图4-3）。

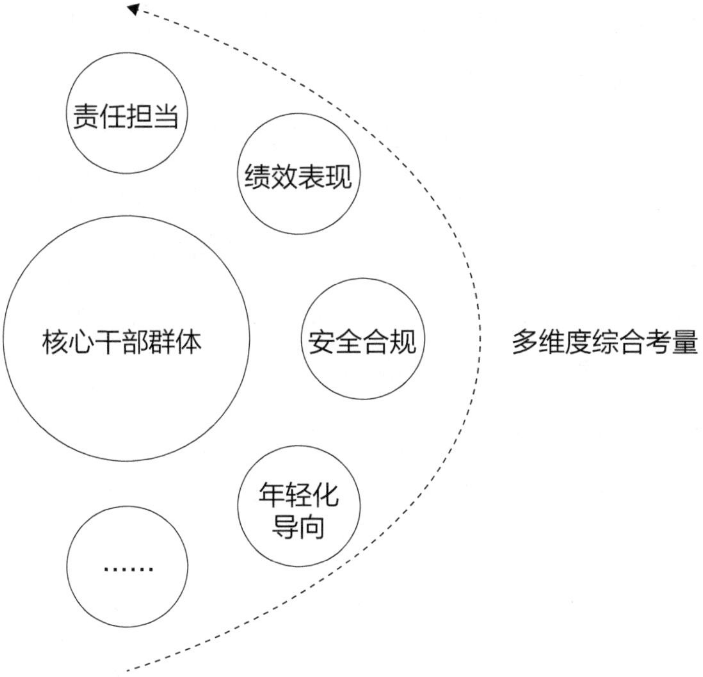

图4-3 软通动力NGL计划

NGL计划由董事长刘天文亲自带队，聚焦公司的新一代领导力建设，同时重实战、重输出、重分享、重集思广益，这不仅是一个创新人才发展项目，更是推动公司变革创新的引擎。它将成为软通动力核心干部培养的一面旗帜，为传承软通人奋斗者精神，促进文化融合与发扬，激发组织能量，实现战略落地聚合力量。

在董事长刘天文看来，企业必须确保有源源不断的新生血液注入进来，才能拥有旺盛的生命力和创造力；同时，也需要保持干部队伍的相对稳定，并且不断涌现新的有能力者，才能充分保证其文化的顺利传承与战略的延续，也才能保证其持续的战斗力。

因此，软通动力一方面以选拔制度挑选干部，组建干部队伍；另一方面也非常重视后备干部队伍的建设。而NGL计划正是面向公司内的核心干部群体，从责任担当、绩效表现、安全合规、年轻化导向等维度综合考量，选拔出每一届的学员。进入NGL计划的学员将承担继往开来的使命，为公司未来的业务成功、管理成功、文化成功提供有力支撑。

NGL计划培训采取的是线上线下相结合的形式，董事长刘天文、集团及业务部门有关负责人和全体NGL计划学员共同参与了这次培训。为了打开学员视野，帮助学员快速成长，培训特别邀请了曾在世界500强企业（华为）担任过高管的一位资深战略管理专家，就DSTE（Develop Strategy To Execute，开发战略到执行）战略管理工具的运用方法及实践案例与学员们进行了分享。

分享的氛围非常热烈、友好，学员们也打破了以前的一些认知，理解了企业作战要讲究“谋定而后动”的观点，认识到企业想要持久发展，必须做好战略规划，而战略规划不但要做到看清方向、瞄准机会，更要理清瓶颈，保障持续增长。这就需要将企业的所有资源都协调起来，强化关键环节。同时，战略方向确定后，多部门还要协同制定战略规划，进行多轮内部评审，达成一致后，再制订中长期发展计划，以规则的确定性应对结果的不确定性。

此外，战略规划做得好不好，还要看执行起来有没有效果。想要拿到最佳的执行效果，企业的核心团队必须坚持战略上的一致性，保持组织协同作战，做到“力出一孔，利出一孔”，同时企业的组织架构、干部梯队、考核标准等也要与之匹配，以达到战略聚焦的目的。

在培训课堂总结环节，董事长刘天文还指出：“面对如今大环境的不确定性，软通动力在未来的发展过程中，要想把战略机会转变为我们的生产力及竞争力，必须使战略从规划到落地形成完整闭环。”

在NGL计划的实施过程中，学员们不但要在课堂内接受培训，更多的时候是跟随刘天文董事长一起走出去，到更多的标杆企业进行参访交流，到实践中去深入了解行业发展现状，以及不同企业的经营模式、管理方法与市场运作等，并通过与标杆企业共同探讨企业发展模式，学习标杆企业的成功经验，为软通动力的发展带来新的想法与思路，更好地优化自身的发展战略与运营模式，帮助企业提升核心竞争力和实现商业创新。

2023年，软通动力NGL计划学员便跟随刘天文董事长一行前往一家跨国科技企业的北京总部进行参访交流活动。学员们不但参观了该企业的技术中心，听取了技术中心负责人为大家介绍的该企业在效率办公、工业互联网、零售、数据与人工智能等领域的技术应用，还与该企业高层领导、专家们进行了交流。

参观结束后，该企业技术中心负责人又跟NGL计划的学员们分享了企业数字化转型历程中的观察与思考；事业部人力资源负责人也分享了该企业在人力资源数字化转型方面的经验与思考，并表示数字化解决方案对于企业的人才激励、组织赋能等方面都有显著的影响。

在聆听了该企业各位高管及专家的分享之后，软通动力高级副总裁杨念农就软通动力当前的各项业务状况及合作思路等，向对方进行了介绍与分享。

通过这样的互动与交流，NGL计划学员不仅加深了对相关领域的了解，还对企业发展过程中管理层面所承担的责任有了更深刻的理解，同时也为双方未来多元深度的合作创造了无限可能。

除以上培训方式外，NGL计划还会以其他多种形式展开，比如邀请学员参加战略扩大会议、公司核心管理会议等。以前，内部战略研讨会只有小范围的干部参加，现在为了培养更多的核心人才，NGL计划学员都可以旁听，目的就是不断提升核心干部的经营意识和领导能力，为公司打造出核心管理团队预备役，培养出具有使命感、企业灵魂和强烈责任感的领导干部。

社会在进步，软通动力也在不断前行。当外部世界在日新月异地发生改变时，软通动力希望自己的干部能够掌握新的知识、新的技能，以便为企业创造更多的价值，带领企业走得更远。干部也应该自觉跟随时代的大潮，不断充实自我，这样才能更好地适应企业的发展。干部与企业之间的关系密不可分，他们共同构成了一个命运共同体。在不进则退的市场竞争中，只有不断地优化自我，干部才能与企业一起成长、生存下去，带领和推动企业持续地向前发展。

4.4 评估：为了更好地前进

很多企业在创业初期，往往在干部选拔任用方面缺乏一套真正意义上的评估体系，仅仅依靠管理者的个人感觉来对员工进行评价，认为谁能当干部，就把谁提拔起来。这一做法适用于企业初创期的“野蛮生长”，能够保证干部供应链的连续性，还可以通过实践历练一批后备干部人才。

但随着市场竞争的加剧，市场留给干部的适应时间越来越少，使得干部还没有成长起来，就不得不去面对市场竞争，这就容易导致企业难以跟上竞争对手的步伐。而且，全凭领导者意志决定干部选拔的行为，带来的结果可能是领导认为你行你就行，认为你不行就不行，提拔和使用干部的随意性大，容易出现用人不公的情况。

因此，企业想要快速持久地发展，就必须建立一套科学严谨的干部选拔与评估机制，选择那些能够快速适应市场需求、创造显著成绩的人担任干部。

随着企业的不断壮大，软通动力建立起了一整套完善的干部评价机制（见图4-4），从绩效考核、敬业度和管理质量角度进行评测，为干部管理体系高效运营提供保障。

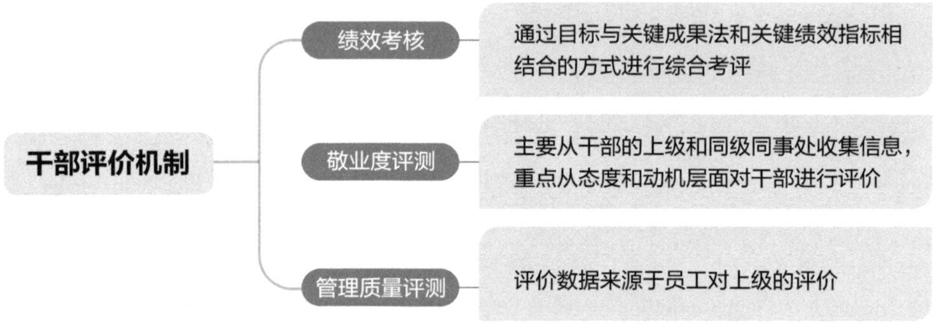

图4-4　软通动力干部评价机制

对于绩效管理，彼得·德鲁克曾这样强调："我们所能评估的，只有绩效；我们所应该评估的，也只有绩效。只有经得起绩效考验的人，才是可以晋升的人，这应该是一条用人的铁律。"

软通动力在培养和提拔干部方面，也非常重视绩效管理的效用，既关注结果的达成，也关注过程的控制。对于组织及干部的绩效考核，通常采用目标与关键成果法（OKR）和关键绩效指标（KPI）相结合的方式进行综合考评。其中，OKR聚焦公司总体战略目标达成，将公司战略目标上下对齐，左右拉通，层层分解，实现对整体目标的拆解与看护；公司各组织、部门将OKR应用于日常工作目标的分解和关键结果的跟踪看护。KPI则主要应用于对AVP（助理副总裁）级别及以上高级干部的绩效考核，考核内容不仅关注长期目标的达成，还关注关键事项的规划和落实情况。财务类指标来源于公司经营预算，对公司业绩自上而下逐层拆解，非财务类指标来源于公司及各组织年度OKR关键项提炼及岗位职责关键内容的内容分解与提炼。另外，高级干部的个人绩效与其上级组织绩效挂钩，以此强化个人绩效与组织绩效达成结果的关联。

同时，在年度考核结束后，公司还会开展末位审视，对处于绩效成绩末位的干部，通过留任、调岗、降职、淘汰等方式，不断强化干部管理，优化干部队伍，从而激发干部队伍的主观能动性，实现组织效能与干部人员综合素养的双向提升。

除定期考核之外，软通动力每年还会例行对各层级干部进行敬业度与管理质量测评。干部测评依据问卷开发的目标和涉及的维度从侧面反映干部的工作态度和对下管理的情况。

对于敬业度测评，主要从干部的上级和同级同事处收集信息，重点从态度和动机层面对干部进行评价；对于管理质量测评，评价数据则来源于员工对上级的评价。

测评结束后，集团将统计分析的结论反馈给各组织，公司和各组织再将测评报告及分析结论用于甄选干部，作为任用考察干部的重要参考。

各级干部在通过评测之后，晋升时也要遵循一定的机制。各事业群根据集团发布的晋升方案提名拟晋升名单，开展组织内部的评审工作。评审期间，根据不同的晋升级别进行事业群内部的述职与评议工作。例如，总监或高级专业人员晋升，属事业群组织内部述职答辩；如果是高级专业（i8级别以上）人员晋升，则述职与评议要转到集团层面进行。

在述职与评议完成后，事业群或职能中台的领导对内部晋升结果进行审批，并将相关的晋升材料备案到集团。对于总监或高级专业人员的晋升，除事业群或职能中台的审批外，还需要报请集团首席人力资源官（CHO）和其他高管进行最终审批。审批结束后，各事业部需要在内部公示晋升结果，公示无异议后，晋升结果正式生效。

经过固化的评估和选拔流程，软通动力对干部的培养和晋升做到了科学严谨、公开透明，并确保了晋升的及时性，增强了干部的荣誉感，强化了激励效果。

同时，这一流程和体系本身也是对软通动力干部选拔工作的宣传，让更多的员工充分了解晋升为管理者、进入干部队伍的标准和规则，激发了他们对职业发展的关注和长期规划，使他们能够合理设定自身的进步节奏。

软通动力的持续发展，需要深耕业务、业务专精的技术专家，需要懂管理、懂业务的基层管理者，需要拼搏进取、踏实肯干的中坚力量，更需要具有新一代领导力的核心干部。而完备的干部评估、选拔与晋升机制，既可以激励普通员工积极展现自己的才能，承担更多的责任，贡献更多的价值，还可以发现和选拔出优秀的干部，组成强大的干部队伍，聚焦软通动力新发展战略的制定与落实执行，推动公司变革，共创软通动力的新未来。

第五章 以心为本：打造和谐共生的员工关系

在软通动力智能综合服务大厅里，一名新员工在一台智能机器前正忙着办理入职手续。只见他轻触屏幕，屏幕上立即显示出操作指南和选项菜单。通过智能人机交互功能，他可以轻松完成入职手续办理、文件资料审核、证明证照办理、工卡制作等一系列事务。整个过程仅需大约10分钟，效率令人惊叹。这名员工初次体验公司的服务，就已经感受到了一站式、一体化的便捷体验。无论是科技实力的展现，还是人性化服务的体贴，都让他备感公司对新员工的关怀和重视。

初夏时节，阳光明媚，一群意气风发的软通人在享受丰富多彩的比赛活动。有趣的户外徒步、热闹的欢乐马拉松、激烈的篮球赛，还有精彩的羽毛球赛……选手们在赛场上奋勇拼搏，展现了个人的实力，同时也展示了团队合作的默契和凝聚力。活动中还特别设立了互动环节，让一线员工和集团领导有了更多面对面的交流机会。大家在欢声笑语中不仅增进了彼此的了解，还真切感受到了组织带来的温暖和支持。

在软通动力的健康驿站里，医护人员正耐心地回答员工的各种健康问题。有的员工在细心听取健康知识宣讲，有的员工则在使用一体机进行健康体质检测。驿站里充满了温馨的氛围，每个角落都体现了对员工健康的关怀。这样的健康服务，使员工们能够以更健康的状态迎接每天的工作和生活。

软通动力有一群特别的员工，他们都是从部队光荣退役的军人。公司为他们提供了合适的职业岗位，并创造了丰富的学习和培训机会，帮助他们不断提升职业技能。在这片新的战场上，他们展现出了军人特有的坚韧与奉献精神，成为软通动力的“最美转身者”。

员工是企业最大的财富和资源，也是企业持续发展的基础。软通动力坚持以心为本，以“线上+线下”的模式为员工营造人文关怀氛围，提供各种关怀活动，最大程度地满足员工的多样化需求，优化员工个人体验，从而更好地打造和谐共生的员工关系，激发组织生命活力，增强员工的归属感和价值体验。

5.1 数字化：为人力资源管理插上数字翅膀

伴随着数字经济和产业数字化进程的快速发展，中国数字技术服务行业也展现出了更大的商业价值。作为国内数字技术产品和服务创新领导企业，软通动力在数字化业务服务、通用技术服务和数字化运营服务等业务线上都实现了快速增长，交出了一份相当亮眼的“成绩单”。

拨开数字化的迷雾，不难发现，企业数字化转型的作用对象主要围绕“人、业、财”3个要素（图5-1）。而“人”作为其中最核心的一环，也经常被视为数字化转型的焦点。因此，人力资源数字化在全球范围内已成为企业数字化转型的重中之重，受到业界的热议和广泛讨论。

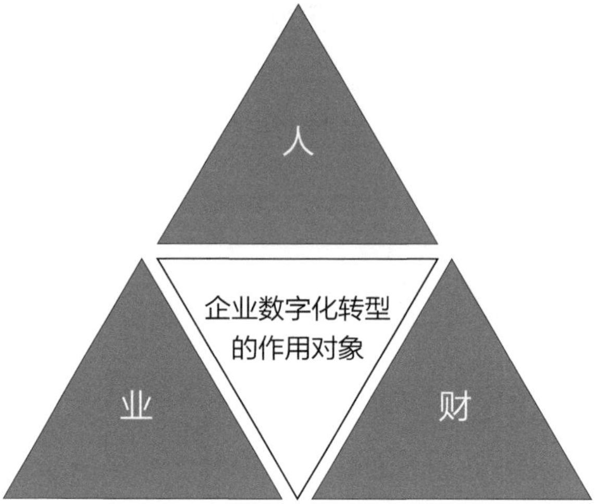

图5-1 企业数字化转型的作用对象

当前，人力资源与数字浪潮的结合点千变万化，其底层逻辑仍然聚焦在最实际的痛点上，即对效率边界的打开，以及对作用对象体验的重视。数字化转型绝不只是单纯地在技术手段上进行迭代升级，而是要利用新的技术手段，从场景着手重构业务。况且技术的真正价值能否实现也不在于实施，而在于企业能否在由设计思维驱动的业务场景中统筹运用它。

在这种情况下，企业更需要人力资源管理者或公司领导层在思维上做出转变，使技术服务于企业当下面对的痛点，真正做到产品服务于用户及运营，实现最合理的数字化。

软通动力在发展过程中，非常重视人才的重要性。尤其在充满不确定性的竞争环境下，人才更是成为企业创新的第一资源。如何激活这些“第一资源”，加强对内人才盘活使用和对外生态构建，为企业发展赋能，也成为软通动力迎接未来挑战的关键。

2011年，软通动力启动筹建人力资源共享服务中心（HRSSC），从人力资源模块开始，进行了一场平台化的服务模式变革，探索业务场景，全面提升跨域人力资源业务能力。2013年，公司开始逐步推进行政、IT、资产等模块共享业务孵化，配合整体内部信息化的进程开始推进“立体共享服务”。2015年，软通动力又开始通过城市维度的融合拉通，将各个智能板块横向打通，建立了统一的服务界面及由下至上的反馈渠道，通过技术驱动流程改善，开始融入自助服务与自动服务。

伴随着数字化浪潮的来袭和数字经济的飞速发展，软通动力人力资源管理也开始进行数字化转型。此时，传统的“前台+后台”模式已不再能满足软通动力数字化转型的变革脚步。经过自身的思考和探索，也为了支撑企业在新兴的行业拓展等业务布局的需要，提升人才供给柔性，2019年，软通动力将业务部门及集团平台可共享的、以服务为主的部分组织与人员剥离，形成中台组织，组成业务支撑中台，为软通动力的前台业务提供强大的“炮火”支撑。

借助中台战略，软通动力将业务部门与管理后台共性的工作移至中台，从而形成了共享服务机制，同时还依托技术手段，满足数字时代下不断迭代的业务诉求，避免重复建设，进而大大提高了工作效率，降低了公司成本。不仅如此，软通动力还借助中台战略实现了管理与服务的剥离，使中台更加接近于一线、服务于一线。中台战略的推行，既保证了软通动力的业务前台更加灵活，也使得管理后台更加稳定。

2018年，软通动力成立软通智服，并于2021年年底正式开启子公司化运营模式，主要面向员工提供专业、高效、便捷的服务，涵盖了行政、人力资源等领域。同时，软通智服还成立了品牌推广团队，通过内容运营、活动运营、IP建设、虚拟组织建设等手段，进行产品/服务的内部推广与文化传播，关注用户体验，为员工提供真正有温度的共享服务。

在软通动力不断实现数字化转型的过程中，公司的人力资源管理系统也在不断进行数字化升级。这一升级变革为人力资源管理插上了数字翅膀，有效保障了企业战略落地，驱动业务目标顺利达成。

与此同时，为了搭建“服务价值创造，可执行有柔性”的政策体系，持续激发组织的生命活力，增强组织应对变化的能力，引导并建立积极向上的工作环境，提升员工的稳定性与风险抵御能力，软通动力持续关注人力资源的管理与增值，关注企业员工的诉求，引导其最大限度地释放主观能动性。经过多年的企业服务经验与实践，软通动力深刻认识到，员工与企业之间共生共赢的合作关系需要建立在公平透明、智慧协同及足够自由度的基础之上。

软通智服作为软通动力的全资子公司，致力于为集团提供人力资源共享服务、人力行政资产定制服务等企业综合服务，在坚守提升效率与服务体验这一底层价值的基础上，重构人工与智能产品交互新理念，以横跨全国的端到端服务独立运作发展，从而夯实企业的综合科技服务。

2023年，软通智服又在线下搭建了行业前沿的跨域SSC大厅和数字化展示厅，兼备全自助服务区+人工服务区，旨在提供提质、提效、降耗、降风险的企业级服务，其核心价值是助力企业实现降本增效、提质降耗。它依托于软通动力自主研发的数字产品、物联网、人工智能等技术驱动，从企业人事、行政、资产、法务、IT等实际业务场景出发，重构了人工与智能产品的交互方式，以智能产品为基础单元，人工灵活衔接，最大化提升ROI（营销投资回报），兼备高服务体验，提供企业数字化转型的“拎包入住”式服务。这种新形态的业务模式，是基于时代需求的企业人力资源数字化转型的一次尝试。实践证明，其可以有效助力企业人效提升与数字化转型。

2023年，软通智服荣获“中国人力资源实践标杆企业”奖，这是软通动力在人力资源领域不懈进行数字化实践探索所获得的肯定，同时也是软通智服在业务理念设计和建设运营上的新颖布局和战略方向的有力证明。

5.2 高效化：数字驱动服务，打造卓越员工体验

随着信息化、数字化的持续推进，无论是自上而下的企业内部管理需要，还是自下而上的员工服务体验诉求，企业服务的线上化、移动化、数据化都已经成为企业向前迈进的必备环节。

软通动力自成立软通智服以来，始终坚持提供高质量、专业、高效的企业级服务，并不断进行业务模式创新、流程重构、组织创新、技术创新的探索和试水实施。体现在人力资源管理方面，就是提供了即插即用、敏捷、灵活、适配的服务模式。

对于外部客户来说，软通智服所提供的服务主要包括管理即服务、软件即服务、设备即服务与数据即服务几个模块，主要以适配度更高、服务场景更贴合的自由组合方式，为客户提供“解决方案+产品+运营服务”的全生命周期服务。

而对于软通动力的内部员工来说，这套服务体系同样为员工提供了人才全生命周期的服务管理（见图5-2）。从进入企业的入职期，到成长期、成熟期、衰退期、持续发展期，再到最后离职期，该体系会针对员工的每个阶段采取不同的管理策略。软通动力希望尽可能地缩短人才入职期，合理引导成长期，尽量延长成熟期，努力控制衰退期，鼓励转入持续发展期，减少离职期影响，让人才的生命周期与软通动力的发展周期相适应、相匹配，从而更好地激发组织的生命活力，同时也让软通人享有更强烈的归属感和更高的价值体验。

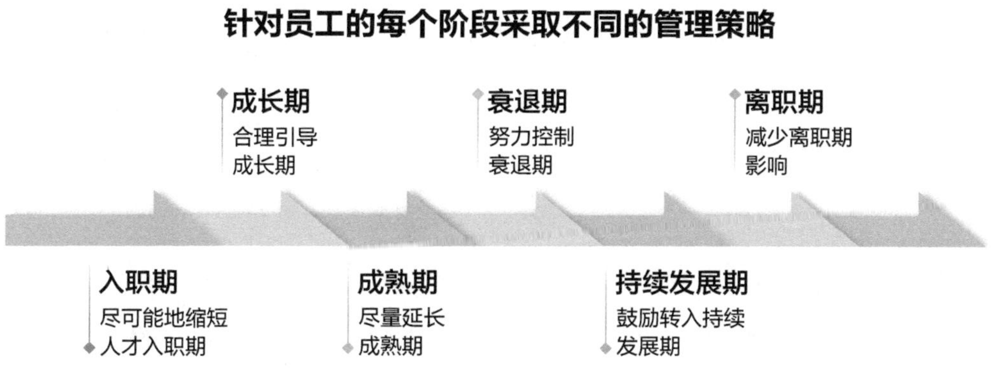

图5-2 人才全生命周期的服务管理

毋庸置疑，如何提升人效是企业一贯追求的课题。尤其是在数字化时代，企业如何做到降风险、提质量、提效率、降消耗？这是每个企业都躲不开的巨大挑战。那么具体到企业服务，又该如何实现和布局呢？

从服务角度来说，软通智服已经覆盖了上百个服务场景，为使用者提供了全方位的智能化服务。在这其中，一个看似简单的场景——员工入职，就可以体现出软通智服服务的全面化和智能化。

员工入职服务作为第一重量级的现场办理业务，关乎新员工对企业的第一印象，更关乎组织黏性的激活。看似简单的员工入职，绝不只是签订一份劳动合同那么轻松，还涉及员工个人信息的采集和审核、不同类型材料的归档和管理、设备领用、工卡办理、考勤配置、五险一金办理等前后台操作，其效率与体验的提升在企业服务及管理上具有十分重要的意义。而随着企业业务更加多元化，员工入职场景也变得越来越复杂。

为了优化员工入职流程，提升入职服务效率，软通动力每年要花费大量精力去精简员工入职项目，目的就是要把员工入职流程打造为全自助服务。

2019年，软通动力设计研发了入职小程序，并于次年上线，主要用于对员工入职材料进行预审。该程序虽然对入职服务提效具有一定的效果，但仍然有突破的空间。2021年年初，软通动力又进一步提出“打造精品服务”战略，将“打造入职精品”、实现服务大幅提效作为整个组织的关键大项，同时还正式成立了员工入职提效小组，通过开创性思维、多维度调研，重新审视入职服务全链路过程，识别提效、优化关键点，创新服务流程与模式。

经过科学严谨的调研及识别提效优化关键点，软通动力内部积极开创思路、贡献智慧，总结既往优秀的提效经验，积极考察并引入外部行业市场最先进的智能技术与产品，深入探索和思考，从多方面入手，创新整合了“产品+服务”的模式，实现了效能的提升与体验的优化，并通过数字化运营形成良性循环，取得了显著成效。

一步步走下来，软通动力从实现业务的信息化，到驱动跨域业务的数字化协同，不断在效率、质量、人效提升、业务包容性和稳定性上做功课，将每一个业务场景都精雕细琢，终于催生出了软通智能综合服务大厅。

2023年，软通智能综合服务大厅正式营业。以北京智能综合服务大厅为例，它兼具智能服务区与人工服务区。在智能服务区，软通智服基于服务场景，有序排布了智能叫号终端、智能审核终端、智能回收终端、智能卡/证终端、智能实物交互终端，结合自研的SaaS化产品，如任务协同管理系统、入离职小程序、电子签章、通通智能服务台等，以及电子签场景的全面深耕应用，为员工提供了全自助式的入职服务、工卡证明办理服务、资产物料领用服务，以及文档扫描上传、文件审阅打印、文件投递等服务。

在软通智能综合服务大厅的智能服务区，员工只要在移动终端/PC/智能终端输入自己的需求，系统就会快速响应并提供现场或远程人工支持。遇到问题时，系统会提供COE诊断与解决方案，从而有效链接企业管理与员工服务，大幅缩减了合同签署、设备领用等流程的等待时长，让每位员工平均在10分钟内，甚至最快可以在8分钟内办完入职手续。

再比如，在员工入离职和在职期间，还会涉及资产领用、归还的场景。为了保证过程记录完整、合规，以前公司会由专岗人员负责，而配备了智能实物交互终端后，员工可以快速领取所需设备，并且可以实现7×24小时领用和归还资产，管理后台还可以看到资产动态数据看板，既省时省力，又快速便捷。

除智能服务区外，人工服务区也可以为员工提供快速便捷的服务。员工不但可以享受到服务区宽敞、明亮、温暖的环境，还可以快速选择自己的待办订单和所需要的服务，获取排队号码，减少等待时间。

在企业服务行业当中，能够跨越共享服务模式已是十分难得，而软通动力打造的智能综合服务大厅从员工服务场景出发，基于数字技术重构服务流程，打通了人事、行政、资产等多个领域，真正做到了一站式、一体化的服务运营，提供了更高支持比、更高效率、更高体验的服务，可以称得上是处于行业前沿水平。

主动变革，是软通动力一直以来奉行的原则。通过服务变革，企业不仅可以更好地服务客户，为客户提供更新颖、更前沿的理念和产品，还可以更好地服务自己的员工，增强员工的体验感和获得感，提高员工对企业的满意度，从而提高员工稳定性，点燃员工内在驱动力，为企业、为客户创造更大的价值。

5.3 品牌化："通心计划"成就员工幸福感

越来越多的企业意识到员工幸福感在企业发展中的重要性，因此在为员工提升福利的同时，还会通过各种活动、举措等关怀员工的身心健康，引导员工自我关怀、互相关怀，塑造良好的员工关系，从而形成一个友好、温暖、合作、相互关心、相互支持的人际氛围，让员工在企业中获得归属感、舒适感和幸福感。

全球知名企业惠普公司，不但凭借卓越的业绩跨入了全球百家大公司的行列，更以其对员工的重视、尊重和信任的企业精神而闻名。惠普创始人比尔·休利特说过"惠普的成功，靠的是'重视人'的宗旨。人是社会性动物，需要群体的温暖……一个关爱员工的企业，必将使员工的满意度上升"。

根据人际关系学派重要代表之一乔治·埃尔顿·梅奥教授提出的人际关系理论，员工士气、工作积极性等主要取决于社会心理因素，取决于员工与管理人员，以及员工与员工之间是否有融洽的关系，而物质环境、物质刺激等只有次要意义。企业与员工之间、员工与员工之间互相关怀，不但可以激励员工努力去克服工作中遇到的困难，提高员工的工作效率与业绩，还可以提升企业的品牌影响力和美誉度，帮助企业增加市场份额和竞争力。

一直以来，软通动力十分重视员工关怀，每年都会投入专项资金打造细心、暖心、贴心的关怀体系。通过开展一系列的员工关怀活动，以温情感染员工，以温馨凝聚员工，培养员工对公司的认同感和归属感，激发其工作热情和敬业精神，降低员工的流失率。

2020年，软通动力打造了员工关怀自主品牌“通心计划”，并提出“关怀备至，与你通心”的品牌口号，努力使其成为软通动力雇主品牌建设的重要保证。在“通心计划”这个品牌名称中，“通”代表的是软通动力，“心”代表的是员工心灵。“通”与“心”两个字组合在一起，表示软通动力与每一位员工心意相通。而“通心计划”的口号“关怀备至，与你通心”，则表示软通动力的关怀始终围绕在员工身边，为每一位员工提供更多元的关心和关爱。

“通心计划”分别从基础保障、特色关怀和品牌关怀3个层面为员工打造多层级关怀体系（见图5-3）。其中，基础保障主要是在公司内部组织各种爱心互助活动，为员工提供医疗、商业保险等基础关怀措施；特色关怀是组织各种满足业务及客户需求的事业群级定制化关怀活动；品牌关怀则是组织更有宏观视野、覆盖全员的集团级品牌关怀活动。关怀品类主要分为主题类、生活类、激励类、学习类、健康类和节日类六大类，每个品类下都会涉及多种多样、温馨的关怀活动。通过这些活动，软通动力积极锻造员工关怀品牌，并力求全面触达员工，强化“通心计划”在员工心目中的地位，希望每一位员工都能意识到自己是公司的一分子，自己与公司内的每一个人都是一家人，从而增进员工对公司和同事的感情，提升员工的归属感和幸福感。

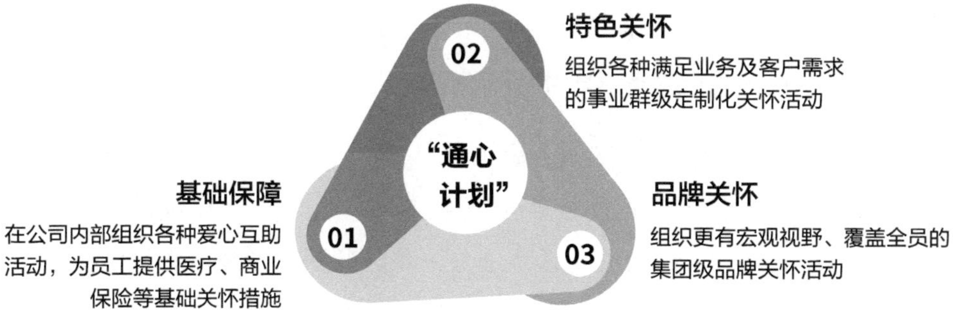

图5-3　软通动力“通心计划”

2022年，软通动力职能与服务中台各部门以异彩纷呈的形式在全国31个城市开展员工关怀活动，主要通过生日主题关怀、激励主题关怀、团建主题关怀等形式开展了170余次活动，活动覆盖1300多名员工。这些丰富多彩的活动，营造了健康、和谐、愉悦的工作氛围，提高了员工的稳定性和归属感，让员工深刻地感受到了软通动力大家庭的温暖。

2022年夏天，北京持续高温闷热天气，这对奋战在一线客户场地的软通动力员工来说，无疑是一次严峻的“烤”验，更牵动着“娘家人”的心。

为了了解高温酷暑下项目现场及员工的情况，顺利推进暑期项目的实施，并做好防暑降温工作，及时将公司关怀传递给一线员工，软通动力的数字业务事业群能源事业部组织开展了以“关爱员工，夏送清凉”为主题的员工关爱活动，将公司精心准备的消毒湿巾、清凉皂、便携式小风扇、花露水及消暑药物等物品送到一线员工手中。收到消暑物品的员工们特别感动，他们感受到了来自“娘家人”的关心。这份关怀如同一缕清风，驱散了炎炎夏日的酷热，给员工们带来了满满的幸福感。客户方管理层获悉后，对软通动力的员工关怀行动表示了肯定和赞扬。

2022年，软通动力倾力打造“浓情有i，暖意通心”品牌慰问活动，在每年八一建军节到来之际，向分布在全国各城市的退役军人员工们送去专属慰问，将浓浓的暖意和深深的关爱送达给每一位退役军人员工。在慰问活动中，软通动力的管理层会向在场的员工代表致以节日的问候和祝福，对他们为公司付出的辛勤努力和积极贡献表示感谢，并通过面对面交流，关心他们的生活状况，了解他们在工作中遇到的困难，为他们提供必要的帮助和支持。

通过精心策划各种各样的员工关爱活动，软通动力成功地将公司关怀送进了员工的心坎儿里。公司还积极了解员工的多层次需求，用真挚的情感关注员工的生活和工作状态，不断提升关怀温度，使员工能更深切地感受到公司的关怀。同时，根据员工的实际情况与需求，软通动力还适时调整“通心计划”的具体实施方案，让员工关怀工作不是浮于表面，而是真正将关怀做到实处、做到员工的内心深处，在公司内外营造出和谐、融洽的员工关系与团队氛围，让员工深切地感受到在软通动力这个大家庭中工作的幸福与温暖，也真正愿意与公司同进退、共成长。

5.4 常态化：全方位护航员工健康

在企业持续发展过程中，人才一直被视为最宝贵的资源，健康的员工也是企业稳固发展的基石。因此，如何保障员工的身心健康，提升员工的身体和心理素质，就成为企业发展中重点关注的一环，很多企业对员工健康给予了高度重视。比如，华为在2008年时就设立了首席员工健康与安全官，目的是进一步完善员工保障与职业健康计划，提醒大家注意安全，工作要劳逸结合。此外，华为还成立了健康指导中心，每年根据员工体检结果发布员工健康报告，并以此来规范员工餐饮、办公等健康标准和疾病预防工作。

作为一家具有社会责任感的行业领导企业，软通动力自成立以来，始终将员工健康放在首位，定期开展员工健康体检活动，组织员工参加各种健康项目等。随着公司业务的不断扩展，软通动力又关注到员工的工作状态、心理健康等问题，从2020年起，公司开始积极为员工提供心理测评、心理咨询服务，并多次开展心理讲座，帮助员工缓解压力。

2021年，软通动力专门创设了覆盖集团全员的健康驿站，积极为员工开启更加专业化、体系化的身心健康管理历程，为员工提供各种健康咨询、健康讲座、全员体检及紧急救护等服务，守护员工的身心健康。2023年，软通动力又专门打造了一个健康关怀品牌——“员工大健康”，倡导员工“拥抱大健康，做最好的自己”。它从身体健康、心理健康和金融健康3个层面（见图5-4）关注员工健康，积极从不同角度为员工赋能，提升员工体验，力求帮助员工实现工作与生活的平衡，成为最好的自己。

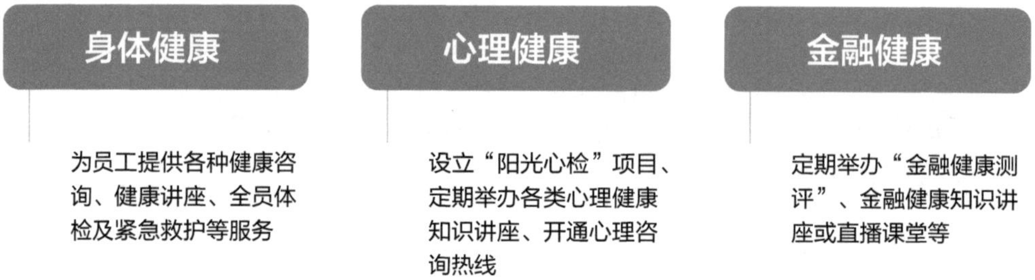

图5-4 软通动力“员工大健康”

以上这些健康关怀项目，不仅能够帮助员工及时掌握自身的健康状况，还能在关键时刻为员工健康提供保障。

一个夏天的下午，在软通动力深圳某园区内，一位员工急匆匆地跑到健康驿站，上气不接下气地对医护人员说道：“医生，快……快点，我的同事突然晕倒了……”

驿站里的医护人员见状，急忙问清情况，并第一时间拨打了120急救电话，随后拿上听诊器等检查设备赶往事发地。

只见一名员工躺在地上，昏迷不醒。医护人员迅速上前检查，并对其进行急救处理。经过两分钟的紧急护理，这名员工逐渐恢复了意识。20分钟后，120急救车到达现场，将该员工紧急送往医院进行进一步治疗。

身体健康是一切的本源。软通动力深知这一点，除日常积极关注员工健康之外，还通过各种活动提升员工的健康意识。

2023年5月，软通动力首次举办集团级线上运动会，通过游戏化的方式，以健步走距离解锁地图站点的形式进行比拼，使员工在解锁站点的同时，了解公司的基本情况及企业文化。活动以员工线上组队形式开展，共有超过4200名员工、200余支队伍参与。经过一个月的激烈角逐，最终评选出20支获奖团队。

线上运动会是为了培养员工21天养成每日适度运动的好习惯，从而强健体魄，健康生活。这些活动让大家在放松身心的同时，还享受到了运动的乐趣，可谓强身健体又滋养心灵。

类似的健身活动在软通动力内部非常常见，这些活动大大提升了员工参与运动、强身健体的积极性。

员工心理健康也一直是软通动力非常重视的问题。为了更好地关注员工的心理状况，公司特别设立了“阳光心检”项目，定期为全体员工提供免费的心理测评服务，通过专业的心理测评工具，让员工充分认知到自身的情绪状态和心理状况，帮助员工及时发现潜在的心理问题，并为其提供相应的医疗建议。

此外，公司还定期为员工举办各类心理健康知识讲座。这些讲座不仅强调心理健康的重要性，还教授各种实用的心理调节技巧和情绪压力缓解方法。通过参与这些讲座，员工能够提升自己的心理韧性，更好地应对日常生活中的压力和挑战。

为了充分保障员工的隐私权益，软通动力还开通了一条全国性的心理咨询热线。该热线由专业的心理咨询师接听，为员工提供全程保密的心理咨询服务。无论何时何地面临心理困扰，员工都可以拨打这个热线，寻求专业人士的帮助和建议，及时纾解自己的不良情绪，化解心理问题。

除积极关注员工的身体健康和心理健康之外，软通动力对员工的金融健康也十分关注。对于“金融健康”，很多人可能存在误区，认为“收入越高越健康”“爱花钱就意味着金融不健康”“只有存钱才是健康的金融行为”等。

实际上，“金融健康”的意义远不止于此，它的深刻意义在于通过关注员工的金融健康问题，提高员工的金融健康状况，增加员工的生活福祉。为此，软通动力会定期举办“金融健康测评”、金融健康知识讲座或直播课堂等，帮助员工提高金融韧性，更好地应对金融风险与挑战。

2022年，软通动力特邀金融研究院的研究员、金融健康课题组成员等专业人士，到公司为员工授课，重点讲述了金融健康的理念和重要性。通过听取专业人员的讲解，员工们明白，健康的金融状况并不仅限于如何存钱与花钱，还包括如何进行科学的财产配置、如何合理规划自己的花销、如何进行投资理财、如何预防金融诈骗等。简而言之，健康的金融状况意味着财产的配置可以使人获得足够的安全感，对未来充满希望，对当下感到满足。在经济发展不确定因素较多的背景下，适当增加一些储蓄，减少冲动消费和负债，更是值得提倡的选择。这种方式让员工在思想上获得了一定的转变和提升，从而得以更好地管理自己的资金。

如今，全方位护航员工健康已成为软通动力内部的一项常态化工作，而这一贯穿员工全职业生命周期的大健康体系也逐渐深入渗透到企业文化之中，不断提升员工全职业生命周期体验，强化了员工的心理契约，为软通动力树立卓越的雇主品牌提供了有效助力。

5.5 公益化：践行社会责任，管理向善

在品牌意识不断升级的时代，企业社会责任已经不是附加项，而是品牌成长和形象塑造的关键部分。同时，优秀的人才也越来越重视企业的社会责任。尤其是现在的职场新星们，在找工作时，不仅看重企业提供的工资和职位，更倾向于加入那些能体现其价值和社会责任感的组织。一个积极履行社会责任的企业，往往更容易吸引到有活力、有追求的人才，而这些人才的加入，又可以为企业带来新鲜血液和创新思维。

作为中国数字技术产品和服务创新领导企业，软通动力更加清楚履行企业社会责任对于企业发展的重要性。因此，软通动力始终坚持做合格的企业公民，积极履行对内与对外的社会责任。近年来，软通动力更是围绕ESG评价体系（见图5-5），不断巩固和完善自身在环境、社会和公司治理等方面的理念和专项行动，吸引更多有梦想、有追求的人才加入软通动力，并为其提供高质量的就业平台，积极助力公司的可持续发展。

图5-5　ESG评价体系

软通动力曾招聘过一些退役军人。经过一段时间的观察，公司发现这些退役军人的职业素养非常高，他们不仅对自己的本职工作尽职尽责，还会努力提升自己以满足岗位需求。在业余时间，他们还会积极学习各类文化知识、组织各类活动，并热心帮助他人。这一发现引发了公司的深入思考：我们是否可以搭建一个高质量的就业平台，专门面向社会上的退役军人等特殊群体，让他们有机会进入企业，充分展现自己的才华和热情？

这一设想提出后，经过多次调查和多方考量，公司最终制定了一项专为特殊人群提供高质量就业平台的关怀计划，并将其命名为“最美转身者”，寓意军人等特殊群体从之前的身份成功“转身”，通过成为软通动力大家庭中的一员，在全新的职业平台绽放出自身的价值。

自实施“最美转身者”计划以来，软通动力招募了近千名退役军人，并为他们提供专业的岗前培训，帮助他们快速适应公司环境，满足岗位需求，让他们充分发挥自己的才华和能力。他们中的很多人都在自己的岗位上表现得非常出色，为公司作出了很大贡献。

公司里有一位资深的软件开发工程师，他是一位退役军人。大学期间，他就读的是计算机专业。大三时，他看到学校张贴的征兵广告，毫不犹豫地报了名。回想起那段军旅生涯，他感慨地说："军营生活非常艰苦，也会遇到各种各样极端的困难需要克服。现在我还时常想起自己在大雪纷飞中完成设备架设任务的场景，很佩服当时的自己。"

两年的军旅生涯，加上部队艰苦的训练，磨炼了他坚强的意志，也让他深刻地理解了使命与责任的重要性。退役之后，他入职的第一家公司就是软通动力，并且因为自身拥有计算机技术，获得了更多不断精进前端技术的机会。

谈及进入软通动力工作的感受，他说："刚进入软通动力时，我最深的感受就是部门的包容性和文化很好。刚入职的几天，我对公司的各种标准、规则、主流工具等不太熟悉，与之前的经验有些差别。这时，我得到了周围同事的很多帮助，而且我也感受到公司对各层级员工成长的规划，目标非常明确，这种不断挑战和超越的感觉很赞。"

凭借着自身的努力，以及在部队中磨炼出来的强烈责任心与挑战精神，他的技术不断精进，工作也越来越得心应手，对未来的职业发展更是充满希望。而这一切，都要得益于软通动力的社会责任感以及"最美转身者"计划的有效实施。

在软通动力内部，有很多与这位退役军人经历相似的"最美转身者"，他们都在不同的岗位上发挥着自己的光和热，在软通动力遇到了更好的自己。软通动力也一直从就业舞台搭建的不断完善与适配角度，深入探索包括退役军人、残疾人等在内的特殊人群的能力与岗位对接需求，增强其优势转化，培养其实用技能，不断提升他们的获得感、幸福感和荣誉感，用高质量的就业舞台，实现企业社会责任的价值释放。

董事长刘天文曾表示：一直以来，软通动力都倡导管理向善、科技向善、数字向善，持续推动绿色发展与社会进步。软通动力致力于成为对社会负责、受人尊敬的优质企业，倡导回馈社会，爱护赖以生存的环境，发挥领先技术为众多领域的客户创造价值，同时积极投身社会公益，将自身的深厚积累转化为对人才的培养、就业的带动并推动社会发展。软通动力将此视为义不容辞的责任。

软通动力始终勇于承担、甘于付出，以丰富的社会责任实践在行业和社会中树立了实力与担当兼备的企业形象，其各方面出色的表现也使之成为行业中的佼佼者。

除积极履行对内社会责任之外，在对外社会责任方面，软通动力也没有落后，而是积极参与各种公益慈善活动，投身公益事业，响应并满足社会的需求，在公益实践行动中传递爱心与温暖。比如，在公共文化建设方面，软通动力依托自身的技术专长，组织志愿者积极建设敦煌艺术3D网络博物馆网站，帮助传承中国传统文化；在健康公益活动方面，软通动力多次参加公益体育项目，传递正能量；在教育领域，软通动力为云南等地的少数民族贫困地区捐建了公益幼儿园和公益小学……多年来，软通动力的慈善公益触角遍布各处，在承担企业社会责任方面始终走在前列。

2022年，软通动力与深圳互联心集团有限公司开展高层对话，签署战略合作协议，开展“通心行动—软通动力专项产业助残公益活动”，双方就释放残疾人用人需求、合作模式进行了深入探讨。软通动力将通过软通技术及非技术业务的全面发展，挖掘项目用人需求，为残疾人提供发展机会，推动社会福利项目落地，助力残疾人实现自身价值，与互联心集团一起探索一条适合残疾人就业的创新模式。

此外，软通动力还持续助力乡村振兴服务，通过与各政府单位、行业协会以及优秀企业合作的方式，为乡村发展带来因地制宜的数字技术升级服务方案，全力以赴服务村镇业务数字化、智慧化升级。

近年来，软通动力荣获第十二届公益节暨2022企业社会责任嘉年华颁布的“2022年度上市公司社会责任奖”，刘天文董事长也荣获了“2022年度公益人物奖”“2023年度最具社会责任企业家”等公益奖项，这是对软通动力在公益慈善、社会责任领域行动和投入的巨大肯定。

“不论是做企业，还是做公益，最大的价值都是为了让社会生活更美好。”正如董事长刘天文所言，软通动力在成长和发展过程中，始终秉持积极践行社会责任的态度，将自身对企业社会责任的初心转化为对员工的关怀、对人才的培养以及对社会就业的带动，不断践行着优秀雇主品牌对社会的承诺。

第六章 引爆组织：凭绩效说话

在快速发展的商业世界中，每个企业都面临着如何有效管理和激励员工的问题。华为，作为中国的科技巨头，其成功背后离不开一套科学且富有激励性的人力资源管理体系。在华为的理念中，“苦劳”固然值得尊敬，但“功劳”才是衡量员工绩效的真正标准。华为基本法明确指出，公司坚持以成果的导向来评价员工的工作。这意味着，单纯地付出时间和精力并不足以赢得高评价；更重要的是，这些付出必须转化为实际的工作成果和业绩提升。这种以结果为导向的绩效评估方式，不仅鼓励员工提高工作效率，还激发了他们创新和改进的动力。

软通动力也是如此，在软通动力的研发部门，工程师们经常需要面对复杂的技术难题。一位工程师可能花费了大量时间和心血进行深入研究，但如果没有实际解决问题或者没有为项目带来显著的进展，那么他的这些“苦劳”在绩效评估时可能并不会得到太高的认可。相反，另一位工程师可能通过巧妙的方法迅速解决了问题，或者提出了创新性的方案并成功实施，这样的“功劳”会显著提升其在绩效评估中的得分。

软通动力的人力资源制度也充分体现了对功劳的重视。在晋升和薪酬调整等方面，软通动力都坚持以员工的实际业绩为主要依据。这种制度设计确保了那些为公司作出实质性贡献的员工能够得到应有的回报，从而进一步强化了以价值贡献为导向的工作氛围。

“苦劳值得，但功劳更重要”不仅是一种理念，更是一种行之有效的管理方法。它提醒我们，在评价员工的工作态度和能力时，应该更加关注他们创造的实际价值，而不仅仅是表面的努力程度。

6.1 系统：以结果与贡献为考核标准

在竞争激烈的商业环境中，绩效管理在企业人力资源模块中可谓举足轻重。有效的绩效管理不仅关乎员工个体的发展，更关系到整个组织的繁荣。从组织战略到个体目标，绩效管理渗透于企业发展的方方面面。

软通动力在多年的发展历程中，也建立了一套与企业发展和员工成长相结合的绩效管理体系，并逐渐形成了自己的特点。该体系围绕“以结果为导向，以价值论贡献”的核心理念，一方面强调结果导向，鼓励价值创造，夯实基于结果兼顾过程的绩效管理体系，实现全面绩效管理；另一方面通过构建绩效管理过程体系，提升组织与个人的绩效管理能力。

经过不断的实践与修正，软通动力的绩效管理已经成为确保企业经营战略落地的重要工具。该体系通过目标分解、计划制订、过程沟通与辅导、绩效评估与结果反馈等关键环节，实现战略有效落地执行，以及对员工个体和组织的价值产出进行有效评估，帮助个体和组织了解自身工作表现，识别优势和不足，为改进和提升提供依据。同时，通过对员工业绩与价值观的综合评估，又将结果应用于员工激励，并与员工的培养、晋升等职业发展机会相关联，大大提升了员工的积极性和对企业的归属感。

彼得·德鲁克曾说过："管理是一种实践，其本质不在于'知'，而在于'行'；其验证不在于逻辑，而在于成果。其唯一的权威就是成就。"

面对竞争激烈的市场环境，企业坚持以结果为导向的绩效管理，不断为客户创造价值，才能更好地生存下来。软通动力也始终遵循市场发展规律，坚持以结果为导向，在结果的基础上再看过程；同时以公司战略为牵引，不断强化组织绩效管理对战略的承接，以及员工绩效管理对组织的承接，针对不同类型的人员配置差异化的绩效考核与激励机制，以保障战略目标的实现。

在员工的个人绩效方面，软通动力根据不同类型的岗位、不同类别的业务，设置了不同的绩效管理执行细则及方法。例如，在软通动力，技术服务人员是公司为客户提供服务的核心人群之一，也是公司技术与服务能力的主要体现。技术服务人员的能力强、水平高，公司在市场上的竞争力才会越来越强。因此，软通动力积极倡导技术人员要"沉淀技术，创新共享，打造组织核心竞争能力，推动公司转型升级"，并将其作为技术服务人员所承担的使命。根据这一目标，软通动力也打通了技术服务人员专业发展通道，赋予不同层次专业人才差异化的职责，还为他们设立不同的绩效管理执行细则及方法。

组织绩效考核一般是面对企业或企业内部的某个业务单元、职能部门或团队而开展，它与个人绩效考核最大的不同，就在于它考核的对象是一个组织，而不是单独的个人。

软通动力的组织绩效（见图6-1）主要围绕财务、客户、运营、学习与成长维度展开，绩效结果取决于组织在这4个方面做出的成绩；项目组绩效主要围绕客户需求和关注点展开，绩效结果取决于他们在一定时间内帮助客户解决了多少问题、提供了怎样的解决方案、为客户创造了多少价值。

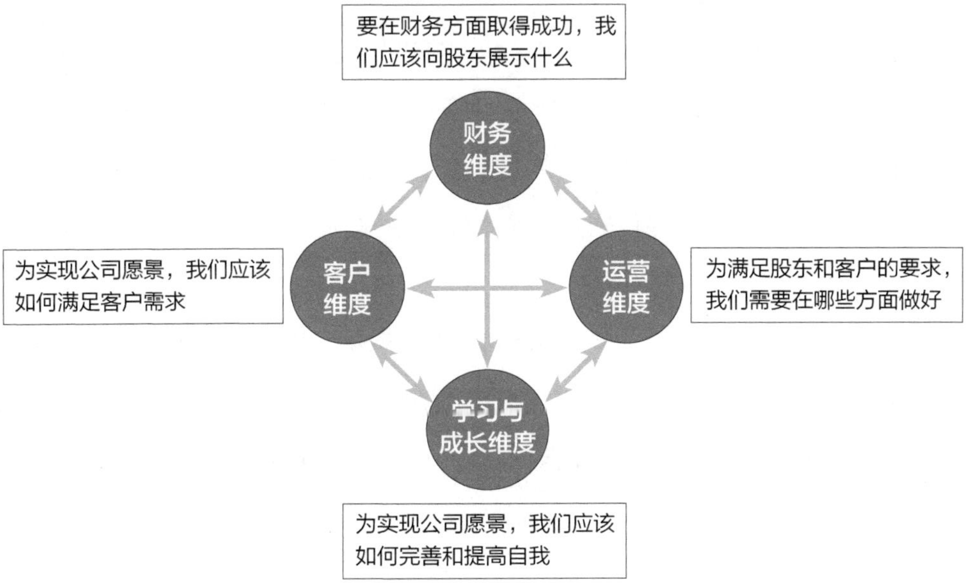

图6-1　软通动力的组织绩效

软通动力的一位项目经理至今仍清楚地记得，在一次实战任务中，他所在部门的目标是帮助客户为其用户提供技术服务。项目经理经过深入调研后发现，客户当时每个月的新增用户不到1万人，而客户期望通过软通动力提供的技术支持，使自己的新用户增长到20万人。这样的目标差距让项目经理和团队同事们一下子陷入焦虑。为了顺利完成目标任务，该项目经理首先将团队进行功能性整合，然后与团队成员一起梳理思路：客户潜在的高价值用户在哪里？怎样才能精准地帮助客户获取用户？怎样才能让这些目标用户顺利接受自己提供的技术服务？

显然，这位项目经理在思考如何达成组织绩效时，更多的是从客户运营角度进行思考。这种思考模式也帮助他与团队成员迅速找到了解决问题的切口，接下来就是大家共同努力，达成目标了。

在之后的工作中，团队成员互相协作，一起帮助客户确定了寻找与“拿下”目标用户的方式，并且一边实施目标，一边通过不断更新的信息积极寻找更多突破点。

在后续进展中，他们完美地满足了客户诉求，帮助客户为新用户提供了优质的技术服务，使客户新增用户数得以在短时间内实现稳定增长。最终，该项目团队所在部门完成了绩效目标，在年度绩效考核中，该部门获得了很高的评价。

企业的绩效管理必然要涉及绩效考核，绩效考核也是绩效管理中非常重要的一个环节，考核后的绩效结果将应用于组织及个人的持续改进与提升过程中。一般来说，组织绩效结果通过关联机制影响员工的个人绩效结果与中长期激励，个人绩效评估结果将应用于员工在公司内的职业发展整个周期，包括工作改进、激励、晋升加薪、培养发展等方面。

软通动力的业绩考核主要通过KPI、工作目标来评估组织和个人的业绩指标完成情况，再按照公司绩效分布等级规则给出相应的绩效评分，绩效考核结果与个人以后在组织的发展及所获得的回报密切相关。

业绩考核侧重于评估员工的工作表现和业绩。在业绩考核之外，软通动力还有独立的价值观考核，其注重员工的行为和价值观是否与公司的核心价值观相符合，后者是企业文化软约束转向制度约束的重要手段。

现如今，越来越多的企业都在逐渐加强对员工企业价值观的考核。关于这一点，著名管理学家吉姆·柯林斯和杰里·波拉斯在《基业长青》一书中写道：“能长久享受成功的公司，一定拥有能够不断地适应世界变化的核心价值观和经营实务。”由此可见，企业价值观是企业基业长青的根本力量。然而，企业价值观必须成为企业内群体共同认同的价值判断和准则，才能够形成精神合力，真正支撑企业适应变化、赢得竞争，实现可持续发展。

而企业价值观考核就是从机制上正向驱动员工自发向企业倡导的价值观行为靠近，并逐渐形成组织认同。这也是企业价值观落地的重要工具，是企业文化脱虚向实的重要手段。一方面，价值观评估通过企业价值观行为化、指标化的方式，让员工更加直接地了解到自身行为与组织要求行为的差距，引导员工不断修正自己的行为；另一方面，考核结果也为组织选拔、奖惩员工提供了一定的参考依据，能够让符合企业价值观的员工获得更好的发展机会，在更重要的岗位做出表率。

基于以上多维度的需求，软通动力将价值观评估与绩效考核放在同等重要的位置，以打造上下同欲、高效协同的战斗队伍，并识别出与公司发展同频、绩优的高潜人才，为组织发展提供人才甄选依据。

当然，任何管理工具都不可能十全十美，绩效管理系统同样如此。如果我们把整个企业比作一辆车的话，那么绩效管理系统就像是一个变速箱，发挥着调控作用。变速箱是由很多齿轮构成的，齿轮之间只要有关联，就必然有磨合。组织绩效与个人绩效作为两个最主要的齿轮，在车子行进过程中也会不可避免地产生一些摩擦，比如，部门负责人存在管理水平差异，或员工之间存在能力与素质差异，导致职能部门之间整体绩效产生差异，从而影响员工最终的个人业绩和收入；管理者对员工与员工对自身的要求有所区别，导致考核“基准线”出现差异，从而影响员工最终的个人业绩与收入。这就需要企业不断加强文化与价值观建设，强调团队精神与合作意识，使企业内部形成良好的协作氛围，更好地推动整个绩效管理系统的良性发展，为企业的可持续发展提供有力支持。

6.2 并行：KPI与OKR的完美结合

为了企业长期发展，进行战略性目标设定是领导者最重要的日常工作之一，几乎每年、每个季度、每个月都要进行目标设定，这也是衡量一个领导者水平高低的重要指标。

目标设定后，想要顺利达成，还需要对其进行科学化的管理。关于目标管理的概念，是由现代管理学之父彼得·德鲁克在1954年提出的。德鲁克认为："并不是有了工作才有目标，而是相反，有了目标才能确定每个人的工作。所以，企业的使命和任务必须转化为目标。"

企业的总体目标设定后，经过有效分解，转变为每个部门以及每个人的目标，然后再依据目标完成的情况对每个员工进行考核、评价和奖惩。

目前，国内大多数企业用于衡量员工、团队或组织在特定时期内对既定目标完成情况的工具是KPI，软通动力当前主要使用的也是这一工具。

KPI是一种衡量组织、团队或个人在实现关键业务目标方面表现如何的量化指标，也是企业中最常用、最简便的绩效考核工具。管理学家杜拉克曾说："KPI就是引导组织方向的仪表盘。"

对于企业而言，KPI是明确的业绩目标，如人均销售额和生产量等。这些目标具有明确性，使员工与公司目标保持一致，从而有助于公司战略的实施。KPI的优点在于，它可以有效地激励员工，使他们明确自己的工作方向和目标，并且对结果负责。核心逻辑在于将公司制定的目标逐层分解，确保每个员工都能明确自己的工作目标，从而共同努力实现这些目标。通过这种方式，企业可以更有效地达成其战略目标，推动公司长期发展。

软通动力在发展过程中，坚持以战略目标达成为追求，对员工的关键业绩考核进行强化，通过专项考核提升跨组织协同能力，推进全面绩效管理的实现。在这个过程中，KPI体系承担了重要指标任务。软通动力在制定KPI时，也一直围绕公司的总目标来分解和贯彻，而不是各个部门孤立地制定KPI。在总目标引导下的管理与服务目标分解，才能起到综合治理的作用。体现到个人，就是贯彻总目标的具体实施，这既使得个人责任清晰，同时又可以加强组织的协同管理。

2021年，美国对软通动力的一家大客户实施制裁。客户为了确保在此前提下仍然可以提供优质的产品交付，便决定进行一系列的变革，不但任命了一个全新的供应商管理团队，还对业务线组织结构进行了改革。这些变革给软通动力重大客户事业群带来了新的挑战和考验。重大客户事业群不得不面临组织结构调整、沟通不畅、工作流程中断、业务主导方向不明确等新问题，必须重新审视并调整其运营策略，以确保与客户的合作能够顺利进行。

为了应对这一新变革，软通动力的智能存储Service测试项目三期团队果断提出对策。首先是建立组织，针对客户组织结构的变化，该项目团队搭建了测试自动化需求管理中心（RMC）组织，并设置了总工、审核人、执行人员等角色，同时对这些工作角色的业绩职责、标准动作等进行了明确规定。

紧接着，项目团队确定了KPI，为审核人、执行人员等人员配置了检视意见数目，驱动关键人员提升检视工作效率。在KPI体系运行过程中，该团队积极奖励优秀员工，以激发员工的工作积极性与创造性。

自始至终，团队都没有将KPI考核体系视为单一的管理、监视和处罚工具，相反，团队利用KPI体系的运行为员工提供了更强的驱动力，帮助他们积极学习，强化检视能力，并最终实现团队业绩的提升。

随着KPI体系运行得逐渐流畅，受到奖励的员工越来越多，人力资源管理与产品质量的相互配合渐入佳境，项目交付工作也越来越顺畅。

与众多企业一样，软通动力希望用KPI考核体系保持组织活力，因此使用正态分布原则对员工进行评价，即有奖有惩。但是在具体实施过程中，KPI也有一定的局限性。

由于KPI直接影响员工的考核结果，这就容易导致员工在工作中偏于保守，习惯争取对自己有利的指标，而放弃那些不利于自己、但可能更有利于团队或组织的目标，结果使整个团队的创造力和积极性受到影响，也使团队过于追求稳定和平庸。

KPI体系是基于自上而下的逻辑构建的，理论上来说，相对静态的目标是可行的。

OKR是一套明确和跟踪目标及其完成情况的管理工具（见图6-2）。如果我们把KPI比作汽车的发动机，它会促使你一直前进，那么OKR就是汽车的方向盘，它可以确保你前进的方向是正确的。

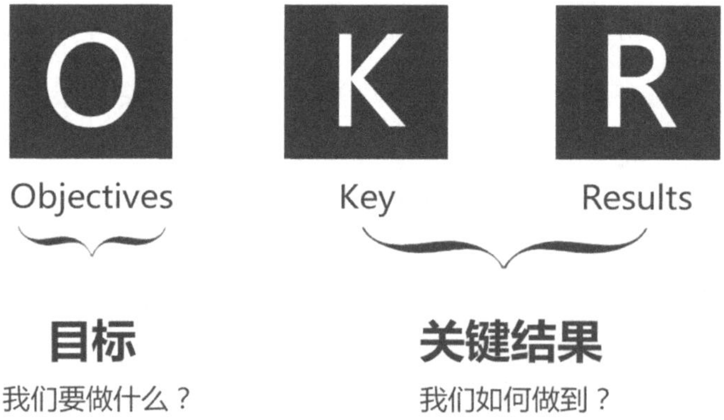

图6-2 OKR管理工具

OKR包括两个组成部分，一个是“目标（Objectives）”，清晰明确的目标往往具有强大的吸引力和挑战性，可以激励团队或组织去努力实现它；另一个是“关键结果（Key Results）”，一组具体的、可度量的和有时间限制的结果，可以用于衡量目标的实现程度。

简单来说，OKR就像是我们的人生梦想，让我们做事有方向、有动力。它强调目标的设定和结果的跟踪，可以让所有人都清楚地知道自己的目标和进度。虽然实现梦想的道路可能比较曲折，但因为目标明确，能随时调整策略，也能看到自己的进步，所以它比KPI的灵活性更高，也更容易促进组织目标与个人目标的一致性，充分激发员工的主观能动性和创造性。

在企业管理过程中，OKR不用于考核，它是一种目标管理工具和价值创造的手段，但它的结果可以使用KPI来进行约束。两者各有自己适用的场景，也各自都有专注的方向，可以并行使用、完美结合。

因此，软通动力在运用KPI体系进行绩效评估的过程中，也逐渐引入OKR系统，并尝试探索将其与KPI结合起来使用，共同为公司的绩效管理与评价提供帮助。对于公司大多数承担固定工作任务或可量化目标的员工来说，公司仍然会采用KPI对其进行绩效考核；而对于少部分需要制定公司战略、发展方向，以及需要承担一些挑战型、探索型工作的管理层来说，公司则尝试性地采用OKR这一工具来辅助进行绩效评估。

从本质上来说，企业的KPI是以考核为核心驱动，而OKR则是以目标为核心驱动。KPI注重结果而轻过程；OKR也注重结果，但相比之下，它更注重完成这个结果的过程。从这个意义上来说，软通动力也在积极探索将两者合二为一，但没有直接将OKR与绩效评估进行捆绑，而是积极寻求将OKR与绩效评估“弱”挂钩的方式，比如，将OKR作为绩效评估的指标之一，而不是全部；保留原有的KPI体系，用OKR分解跟着KPI，以此帮助员工梳理工作内容，确保绩效目标的达成等。

总体来说，KPI与OKR的完美结合，可以共同成为企业目标管理的“利剑”，引导企业取得更大的成功。而软通动力也在积极尝试，期望未来可以更好地将两者结合在一起使用，让公司的绩效管理工作更上一层楼。

6.3 薪酬：充分激发员工主观能动性

美国通用电气公司前首席执行官杰克·韦尔奇曾说过：“我的工作就是将最好的人才放在最大的机会中，同时将金钱分配在最适当的位子上。”

为了分好利润，激发人才活力，让人才得到激励、获得回报、感受公平、享受满足，企业需要根据自身的发展战略和实际情况制定相应的薪酬体系。良好的薪酬体系也是企业在激烈的市场竞争中吸引人才、激励人才和留住人才的有力保障。

目前，大多数企业对员工采取的薪酬体系是“固定工资+奖金”或者“底薪+提成（奖金）”的模式，只是固定工资、底薪与提成（奖金）的金额占比上有差异。但是，单纯地从工资、底薪、提成（奖金）几个角度考虑员工利益，激励性是很有限的，并且不一定能充分调动员工的积极性、确保员工关注目标的达成，甚至还可能阻碍员工的进步。

软通动力关注到这种薪酬策略的弊端，因此在制定薪酬策略时，积极与企业战略相结合，建立了强柔性、高激励、最大程度提升员工主观能动性的薪酬体系，并借鉴了薪酬管理中的一个经典的付薪模型——3P1M付薪理念（见图6-3）。

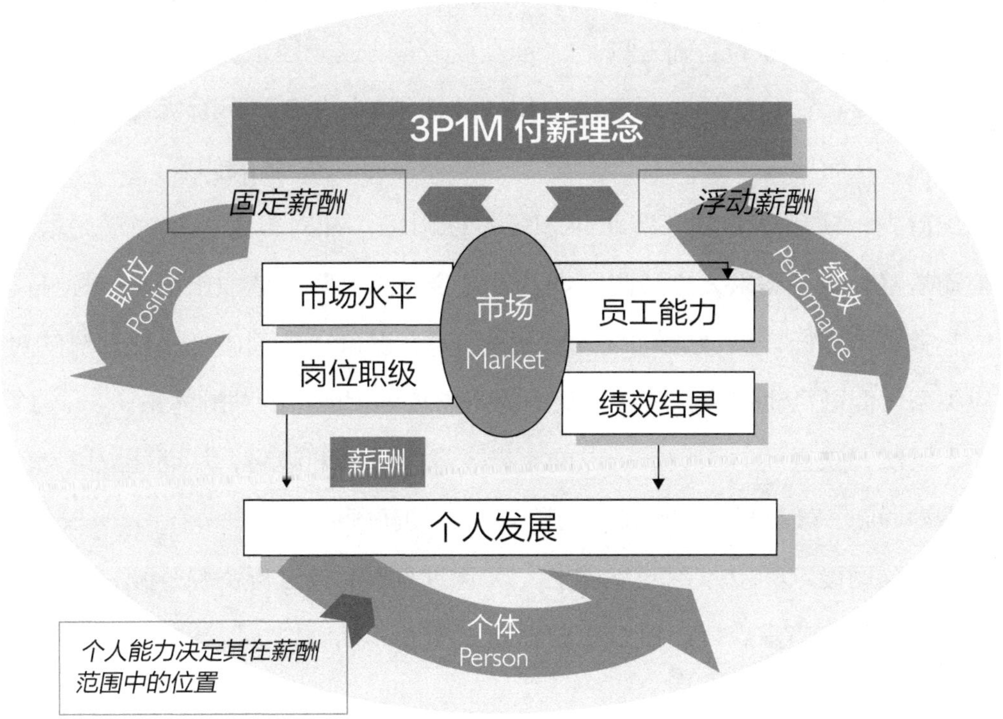

图6-3 “3P1M”付薪理念

在薪酬管理中，“3P”包括“Position（职位）”“Person（个体）”和“Performance（绩效）”。其中，“Position（职位）”表示员工职位

不同，所获得的薪酬也不同；“Person（个体）”表示员工能力不同，所获得的薪酬也不同；“Performance（绩效）”表示员工绩效不同，所获得的薪酬也不同。“1M”指的是“Market（市场）”，它反映的是市场薪酬水平，即员工所在职位在市场上的薪酬标准。

“3P1M”理念中的这些因素共同决定了员工的薪酬水平，因此也成为企业做好薪酬管理的基础工具。软通动力在借助这一理念优越性的基础上，从市场水平、岗位职级、员工能力和绩效结果4个维度，不断优化自己的薪酬体系，从而形成了原则统一、理念明确、导向清晰的薪酬体系。

首先，软通动力的薪资水平积极对标市场。在对标时，软通动力根据公司战略与业务需求，立足内部现状，结合外部实际，选取市场上的标杆岗位，参考市场标杆岗位之间的薪酬分配关系，以确定公司内部岗位薪酬的对应关系，促进企业的整体发展，建立与市场水平相衔接的薪酬体系。

其次，软通动力积极推行以岗定级、易岗易薪的策略，从而建立以岗位职责为导向、鼓励员工在岗位进行价值创造的薪酬体系。

在公司设定岗位体系的基础上，软通动力还积极进行资源分配，将薪酬资源向公司战略重点导向目标与激励重点牵引目标倾斜，以建立资源分配合理且有所侧重的薪酬体系。

除此之外，软通动力还不断完善全员绩效管理，将公司薪酬总成本与公司经营业绩挂钩，将员工个人薪酬与员工个人绩效结果挂钩，明确绩效目标与考核结果，从而建立奖惩分明、能增能减、多劳多得的薪酬体系。

从以上薪酬理念来看，软通动力主要以员工的个人能力与岗位决定固定薪酬，以业绩完成情况决定浮动薪酬。同时，基于地区竞争状况、所在地最低工资标准、当地经济发展水平，以及结合员工的从业经历、知识和技能水平、岗位职责、绩效水平等因素综合考虑，最终构建起既符合企业发展、又能最大限度激发员工积极性的薪酬体系。从导向性来说，这一薪酬体系还积极向公司的价值贡献者、绩优者和关键角色倾斜。

员工为公司发展作出了贡献，公司支付给员工相应的劳动报酬，鼓励员工更好地为企业奋斗，这是公司与员工合作的基本模式。如果公司仅仅出于成本考虑，只想以较低的薪资使用优秀的人才，那即使招来了人才，也很难留住人才；即使侥幸留住了人才，也难以充分激发出人才的潜力。唯有合理的薪酬策略，让人才获得与自己的付出相符的报酬，才能真正催生出人才的高动力与高效率。

软通动力珍视人才，也希望能够充分挖掘人才潜力，以实现人才价值的最大化，因此，对于那些能为公司创造更多价值的员工、具有很强自我激励与自我控制能力的高绩效员工，以及公司重点项目中的关键角色等，都会相应地设立更具激励性的薪酬策略。公司为了更好地提升员工的薪酬福利，人力资源部甚至还成立了薪酬福利团队，旨在不断进行业务创新，持续提升员工的薪酬福利综合服务能力。

以软通动力高科技与创新产业事业群的某个业务专项团队为例。自2020年初成立以来，该业务专项团队就在领导的带领下，齐心协力、同舟共济，不仅团队规模有了量的飞跃，更在收入提升与业务能力积累等方面为公司作出了重大贡献。

2021年的某一天，该业务团队突然接到客户电话，电话那头传来了客户焦急的声音。原来是客户遇到了棘手的技术难题，希望软通动力的服务团队能够提供帮助。业务团队一边耐心安抚客户的情绪，一边与客户方的技术人员紧密沟通，寻找问题的根源。

经过多次的深入沟通，业务团队终于帮助客户找到了问题所在，还提供了一系列行之有效的解决方案。专业、负责的态度赢得了客户的高度赞誉。最终，业务团队成功实现了高质量的交付结果，并进一步巩固了与客户的合作关系。

2021上半年，该业务团队在公司的绩效考核中获得了最高等级A，且绩效总成绩排名第一，各项目组也先后6次收到了客户的表扬信。

“不让每一个贡献价值的员工吃亏。”为了表彰该业务团队，公司还额外给予了他们丰厚的奖赏，以激发团队再接再厉，未来发挥更大的潜力，创造出更大的价值。

软通动力对优秀的人才一向坚持做到“人尽其才”，为公司作出贡献的团队和个人都会相应地受到奖励和重用。公司每个季度至少提供一次管理竞聘的机会，对于那些有想法、有能力的员工，公司会积极培养，放手放权让他们体验管理日常工作，并协助他们做好复盘总结。

以上这些策略大大提升了员工的工作积极性，无论是从团队规模、项目收入，还是从业务广度、项目深度等方面，都实现了明显提升，同时也为公司创造了更多的效益和价值。

在软通动力，很多事业群和项目团队都是这样从无到有、从弱到强成长起来的，他们经历过起步的阵痛、方向的迷茫、攻坚的困难，但最终也赢得了自我挑战的胜利。在这个过程中，软通动力通过“向价值贡献者、绩优者、关键角色倾斜”的薪酬战略与激励原则，留住了一批又一批优秀的奋斗者，并且通过不断的、积极的价值引导，使更多员工踊跃加入奋斗者的行列，为软通动力提供源源不断的有生力量。

6.4 激励：让利益分配向价值贡献者倾斜

华为创始人任正非曾说过："所谓管理好，就是会激励。"华为经过多年的发展，之所以始终充满活力，员工充满斗志，原因就在于华为建立了符合人性的多元化员工激励机制，从而驱动员工创造出超越以往的价值。

对员工的激励，是企业人力资源管理中的一项重要内容。员工的需求是多元的，特别是职位比较高的核心骨干员工，除令人满意的薪酬之外，企业良好的工作环境、轻松的沟通氛围、上级的赏识和认可等，同样是激励员工奋发有为的重要因素。

美国心理学家马斯洛曾提出一个著名的需求层次理论（见图6-4），该理论指出，人的需求包括生存需求、安全需求、情感与归属需求、尊重需求、自我实现需求等。每个员工的年龄和社会经济基础不同，这使得他们的需求层次不同。而有需求也代表员工有内在的驱动力。在企业中，如果能够深入了解员工的需求并有效运用激励机制，不但能提高员工的工作积极性和主动性，还能帮助企业提高招聘和留住人才的效率，从而提高企业的市场竞争力。

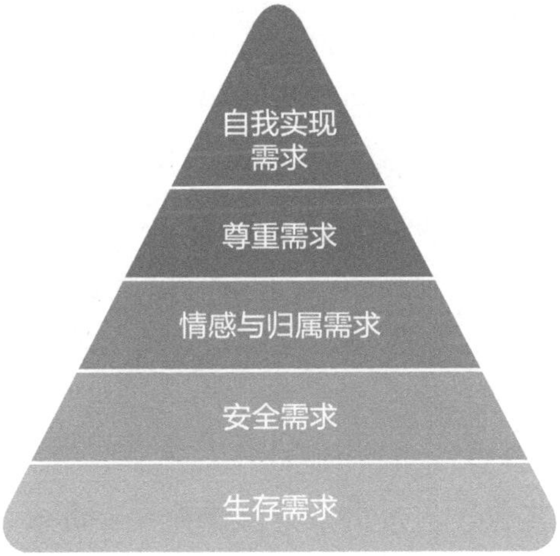

图6-4 需求层次理论

软通动力在多年的发展过程中，也深谙员工激励的重要性，始终坚持以价值创造为导向，最大限度地激发全体员工的价值创造活力，并积极推动更多优秀人才“拔尖”成长、“抗压”成长，成为企业的价值创造者，为企业高质量发展献智献策，同时也让员工更好地实现个人价值。

结合企业发展战略，软通动力设立了一系列的激励机制。在公司人力资源战略的指引下，软通动力不但保持薪酬水平在行业内具有一定的竞争力，使利益分配向价值贡献者倾斜，还以价值贡献为导向，设立了短期、中期、长期激励相结合的激励体系，确保公司、组织、个人紧密关联，通过激发员工的积极性和主动性，推动组织效益的有效增长，实现企业的持续发展。这种激励机制极大地调动了员工的工作积极性，使员工更有动力和热情为公司创造更多的价值，体现出了个人与集体的共同成功。

2013年，软通动力与全球运营商备件服务交付平台iCare-SPM（iCare-Service Parts Management）展开合作，依靠实施团队成员坚实的技术能力、强烈的敬业精神，保持着平台持续稳定地运行。

近年来，由于国际市场环境的不断变化，客户提出要快速启动ERP（Enterprise Resource Planning，企业资源计划）变革项目，并对备件系统进行全部重构。客户的这一要求，对软通动力实施团队来说是一项非常艰巨的任务，因为它涉及170多个国家、700多个备件中心和库房，关系到1500多张网络。如此庞大的体系，任何微小的差错都可能造成巨大的损失。

2020年年初，正值SPM备件平台开启ERP变革项目之时，新冠疫情的暴发无疑是雪上加霜。员工无法到现场办公，只能通过远程协作，这就进一步加剧了交付的阻力。

虽然困难重重，项目团队还是下定决心，一定要确保任务顺利进行，用行动完成对客户的承诺。于是，项目团队内的骨干人员当仁不让地挑起了大梁，解决了扑面而来的各种问题。虽然不能现场办公，但团队中没有一个人松懈，即使在家里，大家也几乎身披睡衣、无心梳洗，坐在计算机旁，一手抱着泡面，一手敲着代码，废寝忘食地为了共同的目标努力。在渡过难关后，大家回忆起那段经历时，都不约而同地感叹：“当时几乎忘记了什么是下班，心里只有一个念头，就是保证交付质量，不能让项目延期。”

与此同时，公司的激励策略也发挥了重要作用。公司为调动大家的工作积极性，提升整体工作效率，在产品交付、流程质量、人员团建等诸多维度，制定了团队绩效标准，设立了多个激励项目，如绩效奖金、项目奖金、定额奖金、年度奖金等，从而形成了短期激励为主、中长期激励为辅的激励措施，并以此规范考核流程，优化工作分配，提高整体产能，依据团队成员职级评定产出，关联个人绩效，确保每一位价值贡献者都能获得与自身贡献相匹配的回报。

这些激励措施让项目团队成员士气大增，大家劲往一处使，最终在客户指定的时间内顺利完成了备件系统重构工作，受到客户的好评。而在公司年度的任职评定中，绩效优异的成员不但拿到了奖金，职级也获得了提升。

这样的案例在软通动力内部可谓数不胜数，员工为公司做的贡献越多，获得的报酬也越多。这一理念已经贯穿于软通动力价值分配的方方面面。

不仅如此，软通动力还十分注重对员工进行精神激励。比如，公司每年都会举办“软通榜样”评选活动，选出一批批优秀的团队和个人，授予他们“软通榜样”荣誉称号。为了增强仪式感，公司还会为获得荣誉的团队和个人举办隆重且催人奋进的表彰仪式，并请那些获得殊荣的优秀团队和个人跟大家分享他们的成功故事，让他们发自内心地产生自豪感，从而进一步激发员工的责任感，让员工个人的“一枝独秀”牵引出集体的“百花齐放”。

为了激励全体员工与公司形成命运共同体，实现公司的长期发展，软通动力也在积极推进股权激励，让那些为公司持续发展而奋斗的员工获得更具吸引力的回报。当然，股权激励策略绝不仅仅是一个分钱机制，它是一个共筑梦想、共享权利、共担责任、共享利益的机制，这也正是公司奋斗者的动力之源。

未来，软通动力会通过股权激励机制将员工的人力资本与公司发展紧密联系在一起，从而形成一个良性的循环体系：员工获得股权，参与公司分红，实现公司发展与员工个人财富的增值挂钩；公司通过分配股权激发员工积极性，使员工为公司创造更大的价值，从而提升公司的竞争力。

软通动力深知，只有让所有奋斗者、价值贡献者都站上领奖台，让更多为公司作出贡献、创造出价值的人获得成功，才能让公司上下团结一心，始终朝着正确的方向努力奋斗，同时也能让所有为软通动力作出贡献的人都分享到成功的喜悦。

6.5 动态：可上可下，能增能减

现代管理学之父彼得·德鲁克曾说过：一个企业在管理上的成就，并不在于它有多少天才员工，而在于这个企业如何更好地激励员工，发挥员工的优势。

对于企业和员工而言，薪酬仍然是最基本也是最重要的激励手段。如果忽略了员工生存也就是薪酬问题，任何事业都将是空中楼阁。松下幸之助在分享管理的成功经验时也曾说道："如果员工在物质方面的基本需求还没有得到满足，那么即使再强调使命感，也没有人会听得进去。"

因此，在企业的发展过程中，管理者不但需要识别出激励对象，还要做好薪酬管理和薪酬激励，提升激励对象的留任意愿，激发出他们的工作热情，为企业创造更大的价值。

所谓"操千曲而后晓声，观千剑而后识器"，软通动力在多年的发展过程中意识到，公司的薪酬策略应该是在以员工能力、业绩为主要付薪依据的薪酬模式基础上，将薪酬激励资源向价值创造者倾斜。为了提高对员工的激励效果，增强对人才的吸引力，软通动力在为员工定薪时采用美世国际职位评估体系（IPE）进行岗位评估，先确定岗位等级，再根据岗位等级确定薪酬等级与薪酬范围。

在制定员工个人薪酬时，软通动力会考虑4个方面的因素（见图6-5），即国家及各省市发布的工资指导线、行业内同岗位的薪酬水平、兼顾公司内部公平性的员工知识技能水平，以及薪酬不能突破对应职级薪酬宽带范围。这样一来，在制定薪酬时既考虑到了对外的竞争性，也考虑到了内部的可支付能力和公平性。

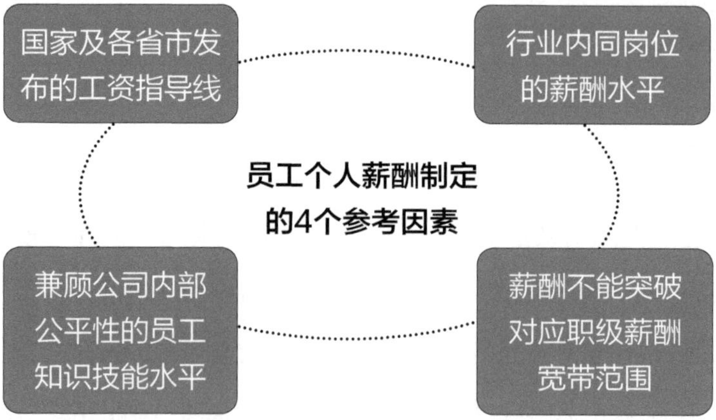

图6-5 软通动力在制定员工个人薪酬时考虑的4个方面的因素

总体来说，软通动力的定薪原则遵循的是总额可预测原则和市场导向原则。其中，薪酬预算要与公司主要财务指标挂钩，做到薪酬总额可预测。同时，公司还以劳动力市场的平均薪酬水平为基准，保持其薪酬水平在本行业与本地区具有恰当的竞争力。

随着市场竞争的加剧与员工需求的多样化，越来越多的企业开始采用动态调薪策略，并将其融入薪酬管理体系。这样，企业可以更加灵活地应对市场变化，提高员工满意度与留任率，从而增强竞争力。

软通动力一直被视为行业内的佼佼者，但公司也意识到，市场正在快速变化，传统的定薪调薪制度已无法满足组织与员工的需求。为此，公司管理层集思广益，最终决定采取更加灵活的动态调薪策略，使员工薪酬根据胜任岗位要求、绩效考核结果、客户评价等因素可上可下、能增能减。在这种机制下，由于不同职级之间的薪酬区间存在差异，员工就算不升职，只要持续地在自己的岗位上为公司作出贡献，绩效足够优秀，客户评价足够好，其薪酬也会有提升空间。这就有利于引导员工在一个岗位上“做实”“做深”“做久”，提高岗位的稳定性。

简而言之，员工的薪酬可以向上调整，也可以向下调整，主要依据就是员工是否能胜任岗位要求，以及员工绩效如何。薪酬会随着员工岗位的变动而调整，员工当前在什么岗位，就拿什么岗位的工资。

软通动力的调薪策略既包括年度调薪、调岗调薪，还包括个别调薪。公司会根据经营目标完成情况与发展阶段，制定与调整薪酬总额，并进行薪酬总额监控。同时，公司调整的不仅仅是薪酬的固定部分，还包括浮动部分，比如绩效奖金的基数、不同项目的提成比例、福利待遇等，并逐渐加大浮动占比。因为浮动部分的实际薪酬与绩效紧密关联，调整这部分薪酬，可以更好地调动员工的积极性和创造性。

总而言之，薪酬制度对于企业的运转至关重要，犹如血液对于人体一般。只有当企业内部的每个细胞都充满活力，企业才能够持续发展。而激活细胞的有效手段就是健康的血液，即企业的薪酬制度。当企业能够建立起科学的薪酬体系，并实施合理的定薪与调薪策略时，员工的工作积极性自然会得到提升。反之，如果薪酬体系不合理或定薪、调薪策略不科学，那么企业就可能失去优秀人才，甚至为竞争对手培养出有经验的人才。

软通动力珍视人才，在多年的发展中，一直根据市场变化与公司经营情况适时、适度地调整薪酬体系，以确保充分发挥薪酬体系的激励作用；同时遵循按劳分配的原则，积极调整员工薪酬策略，确保员工的努力得到应有的回报。这不仅让员工无后顾之忧，还增强了他们对公司的归属感。这种凝聚力使得软通动力始终走在持久发展的道路上，为公司迈向更高维的目标注入了源源不断的动力。

第七章 文化势能：让企业生生不息

“身在迷雾目视前方；不再依靠微弱星光，在漩涡之中启航，冲破壁垒乘风势而上；与时俱进拥抱开放，向变而生同道路上，数字征程有跌宕，背后是你信赖的目光……有种使命担在肩上，我能感受梦的重量，数字转型绘新章，价值创造，点滴聚力量，有爱的人就有光，下一程更辉煌……”

经过数月的精心筹备，以及旋律创作、歌词编写、歌手选拔等多个环节，2024年，软通动力正式发布首支原创企业主题曲《无限动力》。悦动的旋律，承载着软通动力的愿景与使命；绚丽的画面，诠释了软通动力的文化内涵。这首歌曲是软通人共同的信仰，是软通人情感的共鸣，更是全球软通人对未来的信心与憧憬，是企业文化势能生生不息的体现。

作为中国数字技术产品和服务创新领导企业，软通动力从成立之初，便致力于成为一家具有全球影响力的科技企业、企业数字化转型可信赖合作伙伴。在这样的愿景和使命之下，软通动力在不断发展中形成了自己的企业核心价值观，即品质、创新、学习、开放和价值创造，这也是软通动力企业文化的基石与灵魂，以达成企业愿景、践行企业使命为基础，体现了新时代背景下，软通动力对员工、对客户、对伙伴、对股东、对社会所表达的态度和肩负的责任，同时也是对自身高素质行为的要求和积极正向的思想引领。

7.1 领航：企业文化铸根塑魂

一个卓越的企业，其内核必然是使命感驱动的企业文化。身处数字化转型东风正劲的时代，软通动力的使命是“用数字技术提升客户价值”，旨在助力客户在数字经济浪潮下进一步提升核心竞争力，重塑在新时代的竞争优势。

在这样的愿景与使命的指引下，软通动力在砥砺前行的道路上，逐渐形成了与公司愿景和使命互生互长的价值观。

创立之初，软通动力创始人刘天文就确立了“创新、品质、竞争力”这三大核心价值观，它们为软通动力迅速构建竞争优势提供了理念先导。

2013年，随着中国信息化建设步伐逐渐加快，软通动力在关键行业逐渐占据IT服务领导地位，企业对核心价值观进行了重塑升级，在原来“品质”和“创新”的基础上，增加了学习、开放和价值创造。自此，“品质、创新、学习、开放、价值创造”的核心价值观（见图7-1）便成为软通动力企业文化的基石和灵魂。其中，创新作为企业核心价值观的重要组成部分，已经成为软通动力最强底色之一，使软通人在不懈地奋斗和努力中屡屡获得客户的高度认可，创造着属于软通人的荣耀。被某世界500强客户誉为“江宁模式”的诞生，就是软通人不畏困难、矢志创新的生动体现。

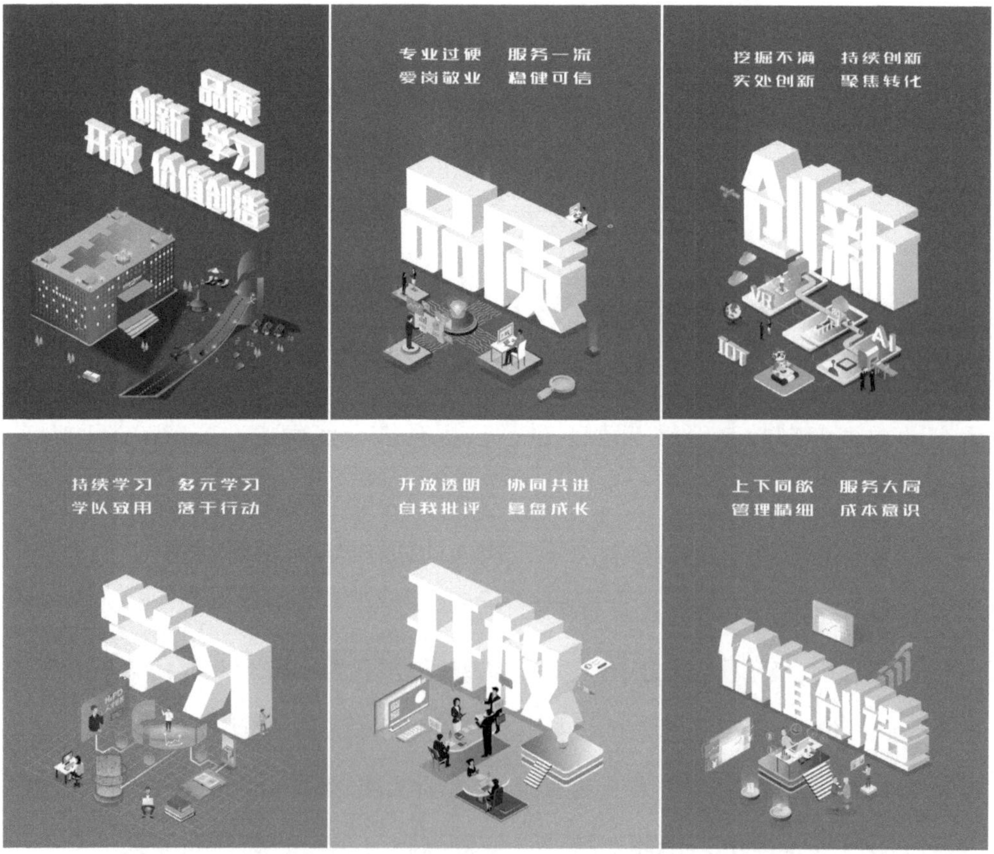

图7-1 软通动力的核心价值观

2014年，为了符合某世界500强客户对供应商办公距离的要求，软通动力在南京的办公场所位于雨花台区花神国际大酒店与丰盛科技园，但是这两处办公场地不仅空间局促拥挤，条件也十分艰苦。常常能看到这样的场景，忙碌的软通动力员工不得不挤在狭窄昏暗的走廊里办公，看上去颇为心酸。尤其让人崩溃的是，办公区时常突然停电，非常影响工作进程，员工的办公体验特别差。

一个下着暴雨的夜晚，刚下飞机的刘天文直奔花神国际大酒店，当他进入办公室的刹那，看到热火朝天工作的员工们却置身于十分艰苦的办公环境中，颇为震惊，南京办公环境之差远远超出了他的想象，他当即决定，一定要为员工们更换办公场地。

然而，要实现千余名员工的大规模迁移，并非易事。首先要解决的是选定一个合适的迁移地点。

项目组人员奔波多日，经过充分调研、评估后，最终将公司的搬迁目标锁定在了江宁区。然而随之而来的，还有很多问题亟待解决。首先，客户对供应商办公距离有着明确要求，约定供应商须在距离其办公地点3～5千米范围内，而江宁区距离客户远达30千米；其次，当时的江宁区地处偏僻，交通、餐饮等相关配套都不完备，员工通勤、就餐是个大问题，而且就算员工愿意到江宁区工作，因跨区工作带来的社保、公积金缴纳也是个不小的困扰。

除了上述困境，还有一个意料之外的小阻碍，搬迁前正值“南京第二届青年奥林匹克运动会”举行，导致白天无法施工装修办公室，这对员工能否如期入驻新办公室提出了一定的挑战。

然而，将创新深植于心的软通人没有在困难面前退却，而是发挥了逢山开路、遇水架桥的韧劲，迎难而上、力出一孔。项目部员工与客户各个部门沟通，商讨远距离交付应对方案；公司为即将搬迁至江宁区的员工提出了合同和社保转签方案，并特别开通短途巴士、配餐点，为员工解决交通和就餐事宜；而关于场地装修，则切换成夜间工作模式，工程完成后，IT部门一鼓作气连续工作48小时，顺利完成场地网口光纤对接，为员工入驻后正常开展工作提供了保障。

经过6个月的共同努力，南京公司千余名员工顺利完成了战略搬迁。这次历史性突破不仅很好地控制了员工流失率，也让软通动力开创了客户的离岸交付模式，还被客户内部定义为软通动力的“江宁模式”。

由此可见，软通人的创新始终聚焦市场，以客户为中心，通过创新来提升公司竞争力，也就是说，软通动力所鼓励的创新并非天马行空的想象，而是以业务为导向的创新。这种创新，最终指向了更高的品质。

如在为某行业头部客户提供云服务的过程中，软通动力曾在紧张的实施周期内，出色完成了多个项目交付，更是通过技术创新攻克多项技术壁垒，并凭借过硬的产品输出能力为客户战略执行提供了有力保障，连续数年被该客户评为云业务最佳交付伙伴。这正是软通人所奉行的“品质”核心价值观在业务层面所带来的积极影响，软通人也凭借过硬的专业知识和能力为公司赢得了不俗的口碑。正是凭借在一个又一个项目上的亮眼表现，软通动力于2021年成功通过了全球软件领域最高级别认证——CMMI[1]-DEV V2.0版5级

[1] CMMI（能力成熟度模型集成）是全球公认的标准，旨在衡量软件企业能力成熟度和项目管理水平，在世界范围内已经得到广泛应用，尤其是跨国公司将其作为判断供应商递交软件质量的重要标准。

认证，这一认证堪称全球软件认证领域的天花板，是全球软件界规格最高、难度最大的认证之一。而摘得这一荣誉皇冠，也标志着软通动力在软件研发能力、过程组织能力、项目管理能力、解决方案交付能力等方面达到了优化管理级的先进水平，能够为客户提供更成熟、更优质的产品和服务。

荣誉皇冠之上，是软通人数年如一日对品质的坚守。事实上，早在企业初创之际，软通动力就已于2006年首次通过CMMI-DEV 5级认证，当时全球范围内通过了CMMI-DEV 5级认证的企业仅有70余家，国内仅有10余家。

“创新”和“品质”的背后，则是软通动力倡导员工持续学习、不断自我完善的价值观的体现。

2019年，软通动力的一个重要客户在印度的业务急需转回国内，而此时公司负责该业务的团队人员紧缺。情急之下，一位入职仅一年的员工主动担责，接下了这项任务。

然而，意想不到的困难扑面而来。印度与中国有两个半小时的时差，为了配合印度同事的工作节奏，这名员工不得不经常在午夜与对方交接工作。每每夜深人静，大家都进入梦乡之时，他还坐在计算机旁，一字一句地与同事沟通工作。

不过，这还不是最困难的。印度的同事说英语时带有浓重的口音，这让双方的沟通变得非常不顺畅。为了克服这一障碍，这名员工使用了一种很“特别”的方法：在每次沟通时，他都进行录音和录屏，然后反复聆听和研究。同时，他还字斟句酌研究并整理出沟通的核心内容，以便于团队其他人员参照。他的努力没有白费，仅仅半年的时间他就理顺了全部业务，并且出色地完成了这个项目。他的坚韧和毅力不仅为团队注入了积极向上的力量，还在公司内部树立了热爱学习、勤恳尽责的良好榜样。

此外，软通动力所秉持的“开放”的价值观，也为其快速发展提供了无限助力。软通动力崇尚处事公正透明，沟通协作无边界，内部没有部门之分，也没有壁垒之隔，这大大促进了部门之间的顺畅沟通与紧密协作。

2013年，软通动力正式开拓大西北业务，客户要求必须在3个月内交付产品并成功上线，当时开发团队里的30多名成员是从集团各个部门抽调过来的，需要快速达成共识、进入战斗状态。

为了节省通勤时间，大家都主动留宿在办公大楼里，两人一间的宿舍全部屋门大敞，以便随时交流。当需要开会时，主管在某个房间一喊，大家便齐声响应凑在一起开会，等问题解决、任务明确后，再重新投入战斗。

经过两个多月的“连轴转”，产品终于如期上线。软通动力不仅成功赢得了客户的信任，更为发展新业务奠定了坚实的基础。

在软通动力内部有这样一句话：全体软通人都应该保持在共同的航线上，以公司利益最大化为最根本追求，胜则举杯相庆，败则拼死相护。而“品质”“创新”“学习”“开放”所带来的积极影响，最终指向了“价值创造”，并让这一价值观理念深植于软通人的心中。

多年来，企业文化作为软通动力的不竭发展动力，驱动着企业不断加快创新步伐，展现了软通动力作为行业领导企业的实力与担当。时至今日，董事长刘天文始终对企业文化保持敬畏之心：“做企业，胜与败的真正差距是内力的差距，而文化恰恰是促成这些企业成功的要素。我相信文化的力量，软通动力也相信文化的力量。”

7.2 正心：“十大纲领”凝心聚力

企业文化的塑造，如同一颗种子成长为参天大树，需要长期浇灌和呵护。真正的企业文化并非表面的口号，而是要在正心诚意中将企业所崇尚的核心价值观“内化”到每一位员工的心灵深处。当员工真正接纳、认同企业的文化理念，所展现出来的与企业文化相一致的言行才会更稳定、更持久。

软通动力的企业文化行为指导准则，在以“品质、创新、学习、开放、价值创造”核心价值观为底层土壤的基础上，延展出了“十大纲领”（见图7-2），从思想上对员工的言行进行全面的界定，让每一位软通员工都能与组织具有共同的愿景和目标，以助力软通动力成为一个具有强大战斗力的团队。

图7-2 软通动力企业文化行为指导准则之“十大纲领”

“品质”对应两大纲领：“专业过硬，服务一流”与“爱岗敬业，稳健可信”。

在软通动力，专业是第一要务，守住质量是企业向客户交付产品和服务的底线。产品和服务品质代表着企业形象，企业想要获得长久发展，就必须持续地向客户提供高质量的产品和服务。这不仅是软通动力专业过硬的体现，也是赢得客户长久信任的关键。

在云计算业务刚处于萌芽阶段时，软通动力便前瞻性地优化战略布局，将云业务开拓作为公司的重要业务之一。为了实现云业务持续拓展，达成公司战略目标，软通动力特别成立了独立的云业务组织，团队成员全力投入，废寝忘食，有的员工甚至直接住在办公室，就是为了高品质、高效率地完成技术攻关。最终仅用一个月时间，便建立起云转售模式，开始了云业务的摸索与探寻。随后，软通动力成功与全球领先的云计算公司签署了合作协议，紧接着又与其共同打造了地产数字管理系统联合解决方案，并在大型科技盛会展示台上展示。

这一经历对团队来说不仅是一次挑战，更是一次突破。最终，在团队成员的共同努力下，软通动力拿出了阶段性成果，获得了业界认可，一流的服务态度更是赢得了客户的肯定。这对团队成员来说无疑是一种巨大的激励，也让员工对软通动力的“品质”这一核心价值观更加认同。

软通动力不仅注重产品和服务，对员工的工作交付也有明确指导，要求员工将公司的事当成自己的事，热爱自己的岗位，敢于承担责任，认真交付每一项工作，能够做到将防区延伸一千米，只把最好的结果交给下一个环节。这样做的直接结果，就是对内对外的交付都安全稳健、值得信赖。

正是基于这样执着的追求，软通动力在内部管理和对外服务上都展现出了卓越的实力和信誉，在市场上树立了良好的口碑和形象。

“创新”对应两大纲领：“挖掘不满，持续创新”与“实处创新，聚焦转化”。

软通动力的高速发展离不开软通人持续创新的精神。管理学家迈克尔·波特曾说：“企业总是通过创新活动获得竞争优势，有时是新技术，有时是新的做事方式。”在软通人的行为准则中，工作永远没有满分，要敢于对自己提出不满，敢于对自己的工作翻盘，每天让自己改进一小步，积少成多，就能不断进步。与此同时，软通动力还强调实处创新，把创新驱动发展的战略落实到每一个工作环节，并聚焦转化，增加企业收益。

2021年，软通动力推出“软通咨询”这一独立子品牌。相比于习惯从管理咨询入手的传统咨询公司，软通咨询的价值定位是数字原生企业，即着眼于为客户提供数字化规划、数字化解决方案设计、数字化技术方案设计、数字化变革实施辅导等全系列数字化咨询服务。这一业务创新使软通咨询提供的服务更加聚焦客户需求，也更加贴近市场现实。

在新的咨询模式下，软通咨询不以加班加点多少来衡量价值贡献，而以客户需求是否充分满足为标准。为了更有针对性地服务客户，团队成员努力将咨询点落到实处，创立了“轻咨询”服务模式，即针对客户的业务痛点提供快速场景化解决方案，迅速贡献价值，实现成果转化，从而大大提升了软通动力的整体竞争力。

“学习”对应两大纲领：“持续学习，多元学习”与“学以致用，落于行动”。

软通动力一直致力于构建一个学习型组织，让员工将持续学习、多元学习当成一种终身习惯。字节跳动创始人张一鸣在一次中国青年领袖公益演讲中曾说过，字节跳动对员工最常见的要求就是要有好奇心、爱学习、爱折腾、爱动手。员工的好奇心和能力是连在一起的，一个人有好奇心，意味着他有探索意识，能够在犯错后发现新事物，并且不断积累新的技能。原美国苹果公司首席设计官乔纳森·伊夫也曾说过“创新型公司应该欢迎失败，并将之视为学习工具，因此要多鼓励员工尝试新鲜事物”。

软通动力在号召员工学习方面，不仅号召大家向标杆学习、向榜样学习，还号召向客户学习、向竞争对手学习。学习的主要目的有两个：一是认识事物的面貌，二是认识事物发展的规律。这些都是为了当下及未来能够在工作中更加清晰地看清问题、解决问题，真正做到学以致用。而行为则是检验学习的唯一标准，员工不但积极学习，还会把学习内容落于实践和行动，让学习真正发挥效用，为企业创造最大的价值。

“开放”对应两大纲领：“开放透明，协同共进”与“自我批评，复盘成长”。

软通动力对外主张交流协作，对内则讲究平等沟通，集思广益，在不断地互动中进步与成长。与此同时，公司还提倡要有包容精神，敢于自我批评，善于倾听不同意见，乐于分享经验，并通过复盘总结经验、改正错误，从而更好地成长。

这一点，在软通动力组织内及跨组织间的沟通协作上都体现得十分明显。同事之间随时可以就具体工作进行沟通，遇到问题也会接受批评和进行自我批评，共同找出问题原因，同时积极复盘，吸取经验教训，不再为原本可以避免的错误买单，通过这样的方式不断完善自我，实现个人职业发展和能力的提升。员工的一些疑惑也在这种开放式的交流中解开，凝聚力在交流中增强，大家没有身份高低之分，只有工作分工的不同。这样的工作氛围也让整个团队充满了正能量。

“价值创造”对应两大纲领：“上下同欲，服务大局”与“管理精细，成本意识”。

软通动力一直致力于为客户、股东、合作伙伴、社会创造价值，同时也为整个软通动力公司、软通动力团队带来更好的效益。而好的效益又离不开团队中每一位成员的努力与付出，因此，软通动力一直鼓励员工紧跟公司发展方向，并运用各种有效措施激励员工将自己的才能发挥到极致，从而做到上下同欲，让团队爆发出“1+1＞2”的合力，为公司大局服务。

价值创造也离不开精细的管理与成本意识，不能因为是公司的钱就可以随意浪费。公司有一位高管，他有个别人看起来很“奇怪”的出差习惯，就是每逢出差总喜欢赶最早班飞机，为此他还要起个大早。有人问他为什么这么做，因为他原本可以预订更合适的航班，然后睡到自然醒，吃完早饭，再赶去机场，也不耽误工作啊！可他却毫不犹豫地回答：“赶早班飞机便宜，能为公司省一分钱就省一分钱！花公司的钱，是要有敬畏感的！”

“花公司的钱要有敬畏感”这句话说到了精髓。在软通动力，大家几乎都不约而同地奉行厉行节约，力求让每一分钱、每一分钟、每一个项目、每一项工作、每一个人都能为公司创造出最大的价值。

一个企业正如一个民族一样，共同的文化意识、文化成就感是大家彼此间得以认同、聚合的基础。而将企业核心价值观内化于心，渗透到企业组织体系当中，就是在构筑与企业特有行为和期望相关联的文化体系。软通动力矢志不渝地通过各项政策制度将“十大纲领”深植于软通人的内心，以保障企业文化建设的系统性与一贯性，为把企业文化打造成企业永续发展的核心动力孜孜向前。

7.3 形塑：“十大准则”赋能增效

“十大准则”（见图7-3）是软通动力基于十大工作场景所作出的具体行为要求，也是在企业核心价值观基础上所延展出来的员工行为指南，具体包括会议管理、考勤管理、日清邮件、即时通信、总结汇报、费用管理、客户服务、廉洁自律、信息安全、工作方法十大维度，是指导全体软通动力员工行事做人的具体标准，为形塑合格的软通人提供了重要工作指导。

图7-3 软通动力企业文化行为指导准则之“十大准则”

在这十大维度中，“会议管理”是企业管理中不可或缺的组成部分，也是推行企业文化的有效载体。软通动力将会议管理的核心目标设定为“开会是为解决问题而不是重复问题”。会前要明确会议主题，确定参会人数、参会者名单，提前发送会议邀请，提前到场调试设备，根据公司内部管理要求，会议如有变更要至少提前1小时通知参会人员，会议材料也要提前发送相关人员；会议期间，所有与会人员各有分工，主持人负责牵引主题，避免跑题，与会者全程参与、充分发言，提出自己的观点和看法；会议最后形成结论，并在24小时内发出会议纪要，部署执行措施，再落实到具体责任人去实施，决议执行中有情况变化要重新提请会议审议。这就形成了会前、会中、会后的一体化管理，有效避免了“议而不决，决而不行”的弊端，大幅提升了管理效率。

员工职场管理是企业管理中至关重要的一点，优秀的员工管理可以帮助企业打造一个高效率、积极向上、员工精神状态良好的团队，而“考勤管理”则是企业对员工进行职场管理的第一步。俗话说：“没有规矩，不成方圆。”做好考勤管理，不仅能规范公司考勤制度，严肃工作纪律，还能有效提升员工的敬业精神。软通动力要求员工每天全员规范打卡；工作期间不能擅自离岗或外出；有请假需求时要事前在内部相关管理系统提交请假申请，同时做好假期工作交接。为实现考勤管理效率提升，公司从实际业务需求出发，通过数字化考勤系统，连接百余座城市数千个考勤点，提供多种考勤方式，设置了几百个考勤班次，实现了不同区域的智能化考勤管理。

在“总结汇报”方面，软通动力也有具体的规定，要求员工在工作期间及时总结，复盘成长。首先，汇报内容要有重点与针对性，并突出需要上级主管处理或重点关注的内容。其次，月报、季报和年报总结需要根据所在部门或上级领导的具体要求按时高质量完成，内容要简洁、有重点，并善于“用数字说话”，明确目标及成果，控制节点，做到“言之有物”。这样进行工作总结就可以有效明确管理工作的重点，制订下一步工作规划，确保工作可以按时、按质完成。

在汇报工作方面，软通动力提倡员工遵循“3×3”的要点，即找准汇报时间、明确汇报内容、熟用汇报技巧。

其中，“找准汇报时间”包括3点，分别为短线工作已落实的，及时汇报结果；长线工作已起步的，阶段汇报进展；工作遇到风险困难的，汇报寻求帮助。“明确汇报内容”包括3点，分别为一般事项只说结果和重点，关注事项详述过程和细节，困难事项分析提案求决策。“熟用汇报技巧”包括3点，分别为层次条理清晰，一个要点一句话；预设问题先思考，心中有数，对答如流；有理有据有图表，一目了然易理解。

这种汇报工作的方式既可以准确、详细地描述出工作进展，还可以突出关键成果，提炼出工作中遇到的问题和难点，从而一目了然地了解工作完成情况。

客户服务是企业为满足客户需求所提供的一系列服务，优质的客户服务也是企业提高竞争力和市场份额的重要因素。企业持续发展离不开客户的支持，这一点也是所有优秀企业的共识。以华为为例，华为十分强调客户对于企业的重要性，因此始终坚持以客户的需求为目标，以客户的信任为己任，甚至将“以客户为中心”、服务好客户当成一种信仰，这才成就了今天的华为。

软通动力在“客户服务”方面坚持长期主义，同时还提出要“以客户为中心，把服务做到极致”，要求员工能站在客户立场思考，主动挖掘客户需求，主动解决客户难题，主动拜访关键客户，主动承担应有责任。尤其要深入客户的业务和组织中去，真正了解和感知客户的需求和痛点，用更合适的方案、更优质的服务满足客户需求，同时还要不断改进和完善工作流程，持续提升服务质量，用更好的产品和服务助力客户发展，为客户创造价值，与客户共赢未来。总结起来，就是坚持真诚、主动、合规、求精和共赢。

在服务客户的能力上，软通动力强调“专业价值”与“专业服务”。公司拥有一支专业化的团队，不仅体现在业务的咨询、规划、需求分析、产品设计能力上，还体现在各种场景的考验下，努力确保向客户交付产品的时间，以及保持系统稳定性和对客户需求快速响应。

企业要实现目标，提高员工的工作效率，同样离不开科学的工作方法。在“工作方法”方面，软通动力提倡员工用好“五段法”，即确认命令、责任分工、节点把控、问题反馈、成果复盘。

以成果复盘为例。软通动力要求按项目关键节点或固定周期进行复盘，由项目总负责人组织召开项目复盘会议，对项目整体情况进行梳理，再由项目总监、项目经理和其他相关负责人针对项目进度、成本、资源、风险等进行全面而深入的复盘。大家一起讨论项目实施中的问题、难点等，共同制定相应的解决方案，并在会议结束后形成纪要，针对存在的问题、风险和应对措施等进行跟踪、调整。这种工作方式不但能确保各个项目运行状况良好，还能从整体上缩减管理成本，降低项目风险等级，从而大大提高项目质量。

除以上几大“准则”之外，其他行为准则如日清邮件、即时通信、费用管理、廉洁自律、信息安全等，也都有翔实的指导要求，都是为了规范员工行为。这“十大准则”与“十大纲领”共同构成了软通动力企业文化的行为指导准则。为了促进员工将核心价值观“外化于行”，软通动力采取了文化引导与行政管理相结合的方式，推动核心价值观在员工行为中的贯彻落实。这不仅有助于员工深化对文化的认识，而且能够实现员工对文化的认同，最终达到行为规范的统一。这种管理方式体现了软通动力在企业发展中的战略眼光与精细管理的高度结合。

7.4 落地：必不可少的价值评估

“价值观如果不被考核，一定会慢慢成为很虚的东西，只停留在口头上或墙面上贴着的标语。虚的东西一定要做实，怎么实？考核。”好的文化是企业实现长远发展的立身之本、动力之源，但是如何将文化的软性约束转化成制度约束，让员工行为向着企业倡导的价值观自发趋同？很多优秀的企业都将价值观考核融入了管理实践，软通动力正是其一。

所谓价值观考核，就是建立在企业价值观理念体系的基础上，对员工工作行为的考查和评价，即把企业价值观作为考核的标准，通过一定的指标评价体系评估员工工作行为是否契合企业价值观要求。价值观只有在群体内获得集体认同才能形成精神合力，支撑企业愿景和使命的实现。

为了充分评估价值观，在绩效考核环节，软通动力除考核员工的业务能力外，还会对价值观进行考核评估，分别对“品质”“创新”“学习”“开放”“价值创造”设置具体的指标和评价标准，以此将价值观量化为具体可看见的实际行动。

毋庸置疑，将价值观考核融入绩效考核是企业文化落地的重要工具，只有将考核结果与员工切身利益形成正相关，才能使企业文化真正脱虚向实。价值观考核的意义，不仅仅在于让员工清晰意识到自己的行为与公司所期待的行为之间的差异，引导员工纠正自己的行为，更在于为组织选拔优秀员工提供了参考依据，让符合核心价值观的员工获得更多的机会和发展空间，使其在更大的舞台上发挥表率作用。

好的企业价值观考核，对于将文化的软性约束转化为制度约束至关重要。为了让价值观考核切实发挥作用，企业还应该将考核的评价体系面向所有员工进行宣贯，让员工对考核标准和操作方法形成共识，对于价值观考核结果与个人在公司发展的关系了然于胸。

从软通动力开展价值观考核所产生的实效来看，考核对于员工将价值观融入日常的工作意义重大。很多优秀企业也已经将价值观考核应用于管理实践，通过区分不同员工的特点和表现，进行有针对性的管理和培养，以打造一个既有战斗力又能够传承公司文化的团队。

除在绩效考核融入价值观评估外，软通动力在人力资源管理的前置环节，即招聘面试中也将企业文化评估融入对人才的甄选，通过在招聘入口端应用文化价值观识别工具，精准识别与公司文化价值观相契合的人才，打造有竞争力的雇主品牌，实现人才吸引及留存。

比如在实操环节，对于技术岗位，重点考核“品质、学习、开放”维度，更注重员工能否胜任本职工作；对于管理岗位，则重点考核“创新、开放、价值创造”维度，评估其是否具有发展意识和经营思维，能否为企业战略目标的实现贡献价值。

考核评估后，根据候选人在面试中表现出的能力、素质与公司核心价值观匹配程度，将价值观面试评为“高度匹配”“基本匹配”“不匹配”，其中被评为“不匹配”的候选人，将被淘汰出局，失去进入下一轮面试的资格，而获评为“高度匹配”的候选人，则会被锁定成为优先入选对象。

将企业文化融入招聘面试端，可以有效降低企业对新员工的管理成本、加速新员工融入组织，有助于增强企业凝聚力和向心力。这一“气味相投”选人法，在很多卓越企业都得到了运用。

美国最大的网络电子商务公司亚马逊在选人的时候，其中一个重要的标准就是“内心强大、极具主人翁精神的实干家，真正坚信并践行亚马逊的组织文化及领导力原则”，为了精准遴选与亚马逊文化匹配的人才，企业还设置了“把关人”的岗位对人才进行鉴别。异曲同工的是，阿里也有“闻味官”负责甄别候选人是否具有与阿里相匹配的价值观，即是否具备所谓的“阿里的DNA”，并且“闻味官”对味道不对的人拥有一票否决权。

不论将价值观评估融入绩效考核还是招聘面试环节，都是为了确保价值观真正落地开花。“知”是前提，“行”是根本，只有真正做到“知行合一”，才能使企业价值观为企业成长为一个高效协同且充满战斗力的新型组织提供无限原动力。

文化认同任重而道远，完善的激励和惩戒机制必不可少，软通动力将会持之以恒在招聘面试、绩效考核、薪酬设计等管理模块中推动企业文化落地，使其成为企业行稳致远、不断迈向新征程的重要推手。

7.5 聚贤：雇主品牌打造引才强磁场

2019年，深圳盛夏的一个傍晚，软通动力一名女员工在下班回家途中，不幸被一辆来势汹汹的汽车撞伤，她在深圳举目无亲，对于理赔流程和条款一无所知，肇事司机还故意压低赔偿额度。关键时刻，团队负责人和组内同事义无反顾地伸出援助之手，他们先是去派出所协助进行案件陈述并获取交通事故认定书，随后与肇事司机、保险公司进行理赔沟通，在马不停蹄地奔波中，终于为员工争取到了理想的赔偿结果。同事们贴心的帮助，让员工感受到了家人一般的关爱和陪伴。作为一家有担当的企业，软通动力也一直力争将每一股温暖的力量汇集成一股股暖流，温暖每一位员工。

一旦成为软通人，就告别了一个人孤军作战的日子，而是背后有一个庞大的组织为其提供方方面面的支持，这正是软通动力为雇主品牌注入的内涵：不仅仅在人才培养和晋升等方面注重提升员工的满意度，更倾心打造企业员工关怀品牌，为人力资源注入柔性暖心的人性化力量。

2023年，软通动力重磅发布了雇主价值主张（见图7-4），为其赋予“信赖 奋斗 与我们一同攀升”的内涵，这意味着软通动力在雇主品牌探索的路上再一次实现了新的跨越，也重构了在人力资源市场上的竞争力。

图7-4 软通动力雇主价值主张

对于员工规模数万人的软通动力而言，其中大多数员工为高知人群，要强化企业对这些人群的吸引力，这对人力资源管理提出了巨大的挑战。近几年，在共同价值观的引领下，软通动力走出了一条值得借鉴的打造优秀雇主品牌之路。

所谓雇主品牌，一言以蔽之，就是企业成为员工及其他利益方心目中“理想工作场所”的依据，更简单的表述就是企业对人才产生吸引力的诸多因素。软通动力有一个根深蒂固的理念，那就是人才是企业最宝贵的资源，因此除致力于为员工搭建广阔的职业舞台、科学有效的人才培养体系外，还多措并举打造了内容丰富的关怀体系，为员工提供充满人文关怀的职场环境，强化员工的凝聚力。

对于刚刚入职软通动力的新员工而言，公司琳琅满目的培训计划总是让他们对未来充满期待，无论是社招新员工还是校招应届生，都有相对应的培训项目帮他们全面深入地了解公司组织架构、企业文化及规章制度，帮他们快速融入公司的大家庭，使他们尽快适应新的工作环境。此外，公司还设立了涵盖不同类型员工的人才培训培养体系，为各个岗位、各个职业发展阶段的员工提供标准化赋能项目，助力不同职业阶段的员工成长和发展，使员工都能通过丰富多彩的培训项目拓宽专业视野，让自己的专业能力更上一层楼。

而对于身处管理层的员工，还有分层分级的赋能培训项目助力他们提升战略格局，培养新思维、新理念和创新能力，促进他们高效发展，助力他们进一步成长为高度认同软通动力价值观、高素质、能打硬仗的管理干部。

除了全方位、多元的人才培养机制，公司还为员工搭建了广阔的晋升通路、完善的晋升机制，激发员工的职业发展动力，而独特的“双通道发展路径”也让员工大为点赞。在软通动力，企业充分尊重员工发展意愿，允许专业技术岗位和职能管理岗位的员工互相流动，既让复合型人才有了成长土壤，也实现了员工个人价值的最大化。

当然，一个优秀的雇主品牌并不止步于此，软通动力还以品牌思路打造了名为“通心计划”的员工关怀体系，从基础保障、基层关怀、特色关怀直到品牌关怀，逐层提升员工的幸福感和获得感：

基础保障：爱心互助、补充医疗、商业保险等基础关怀措施；

基层关怀：部门内面向基层员工的最小单元关怀活动，最真切触达员工本人；

特色关怀：具有鲜明特色的事业群级关怀活动；

品牌关怀：具有宏观视野的集团级品牌关怀活动。

曾有一名负责法务工作的员工，当她初入软通动力正准备全力开启事业新篇章时，突然发现自己意外怀孕，当时她极为忐忑，非常担心自己在公司的发展。然而，让她倍感欣慰的是，部门领导和同事得知她怀孕的消息后，不仅积极帮她分担工作，还分享怀孕经验、赠送孕产品，让她感到很温暖。这样开放、宽和的企业文化，让她对公司充满了感激，也坚定了在公司长久发展的信心，这也正是软通动力关怀文化的有力印证。公司理解员工的不易，给予宽和与包容的氛围；员工明白公司的不易，不会因为怀孕影响工作，降低工作效率。这样一种良性循环，让三期不再是女员工职业发展的障碍，员工和公司也不必是一种小心谨慎、如履薄冰的关系，双方互相体谅是一种更好的相处模式。正如员工所说“这样温暖的团队氛围，让冰冷的法律规定有了感人的温度”。

也正是凭借在员工管理上所彰显的人文之光，软通动力曾斩获多项荣誉，屡次荣膺“CHIRC年度中国区最佳雇主”，还与知名企业星巴克中国、麦当劳中国、百盛中国、渣打中国、安踏等一起登上领奖台，揽获了“中国最佳ESG雇主”的称号。

星巴克一直被视为雇主品牌的标杆，其独有的温暖且有归属感的伙伴文化，对于缔造庞大的“咖啡帝国”起到了关键作用。软通动力也将打造雇主品牌视为成就伟大企业的必要之举，董事长刘天文曾强调：“雇主品牌不是追求短期效应，而是公司在不确定中坚持长期主义的一项前瞻性投入。”

在数字中国建设的大潮下，数字技术服务作为核心产业正迎来新的战略发展机遇期，软通动力作为深耕企业数字化转型的市场领导者，能否乘风而上迈上新的台阶，人才是一个关键因素，这也是公司对打造雇主品牌倍加重视的原因所在。

得人才者得天下，赢人才者赢未来。软通动力希望在人力资源管理战略与企业发展战略高效匹配的基础上，将所有管理实践和成效指向提升雇主品牌的知名度与美誉度，让企业如磁石般源源不断吸引着优秀人才的加入、同行，踔厉奋发共赴数字经济新时代，成就属于全体软通人的光荣与梦想。

尾声

当中国古人留下嫦娥飞升月宫的传说时，当儒勒·凡尔纳写出用巨型大炮把人打入太空的小说时，当卡雷尔·恰佩克发明出机器人“Robot”这个单词时，当马歇尔·麦克卢汉创造“地球村”这个概念时……是否已经预见到了千百年后的现实世界，当真会如他们所想。

日升月落，人类历史不断演进，前人的许多晦涩预言业已成为当下我们习以为常的基础认知。我们才赫然顿悟——当时那些天方夜谭的“荒言”、光怪陆离的“妄语”，闪烁着怎样的智慧之光。

尤其是在人工智能引发颠覆性连锁变革的时代大潮下，在本书中阐述的关键词“人力资源”面前，我们不得不迎接挑战并在探索中回答，“人工”还是“人工智能”、“人力资源”还是“算力资源”，抑或是“Robot资源体系”的构建与管理？

人工智能是技术密集、人才密集、资本密集、数据密集为一体的创新集合。“AI+行业”是要将人工智能与实体经济融合，更好地衔接技术创新、应用创新和成果转化的各个环节，在中国式现代化高质量发展中打造新质生产力。同时，不可忽视的是，“AI+人”或“AI+劳动者”所带来的协作革新，也必将成为各行各业关注的新命题。

从36到88088，是一家企业不断成长壮大的发展过程，从微光到洪流，是一家企业人力资源的体系塑造，是软通动力从互联网萌发的“微光”走入数字技术大浪的“洪流”时代的历史见证。这本书可以是一份里程碑式的总结，也可以是翻开下一阶段探索的扉页，是方兴未艾的AI时代中，人力资源体系理论与实践的“微光”，希望它能激起无数新的思考与浪花。

曾经头脑之中的天马行空，逐渐变为现实中的自然之事。这是人类秉持对美好的追求，以非凡毅力跨越时间长河的接力。这个充满未知世界的构建者，正是我们每一个普通人，探索未知之境，拥抱无限可能。在《从微光到洪流：打造高效人力资源体系》之后，软通动力仍将在人力资源领域有更新、更深入的探索。敢想敢做、以梦为马，期待与各位一同创造、一同见证，未来新世界下的“洪流”。

参考文献

[1] 王志刚. 绩效改进商业画布[M]. 北京：电子工业出版社，2021.

[2] 王崇良，黄秋钧. 当HR遇见AI：用人工智能重新定义人力资源管理[M]. 北京：人民邮电出版社，2022.

[3] 祁婷，孙科柳. 华为人才管理全景图[M]. 北京：电子工业出版社，2021.

[4] 陈雨点. 华为人才管理之道[M]. 北京：人民邮电出版社，2020.

[5] 张小峰，吴婷婷. 干部管理：八步法打造能打胜仗的干部队伍[M]. 北京：中国人民大学出版社，2020.

[6] 鲁克德. 京东人力资源管理纲要[M]. 北京：华文出版社，2019.

[7] 新海. HRBP高级修炼：世界500强人力资源总监实践笔记[M]. 北京：企业管理出版社，2018.

[8] 任康磊. 人力资源总监管理手册[M]. 北京：人民邮电出版社，2022.

[9] 孙科柳，蒋业财，解文涛. 华为绩效管理方法论[M].北京：中国人民大学出版社，2016.